AI経営で会社は甦る

冨山和彦
経営共創基盤（IGPI）代表取締役CEO

文藝春秋

はじめに　ＡＩ時代の経営とは

ＡＩ（Artificial Intelligence：人工知能）、ＩｏＴ（Internet of Things：モノのインターネット）、ビッグデータ、あるいは第四次産業革命というバズワードが、毎日飛び交う今日この頃である。私自身、官民共働型のＩｏＴ化推進組織であるＩｏＴ推進ラボ（IoT Acceleration Lab）の座長や、建設現場の生産性革命を狙った国交省主導のi-Construction推進コンソーシアムの委員をつとめるなど、バズワードの波に巻き込まれている。

しかし、世の中の動きが激しく見えるために、こうしたバズワードが、産業的、さらには経営的に本当はどんな意味を持っているのかという、私たち経営に関わる者にとって、もっとも大事な問いが見えにくくなっているようにも思う。そこで、本書は、あくまでも「経営書」として、こうしたバズワード的、ブーム的な現象を、それがもたらす経営上の本質的な示唆としてとらえ直すことを企図している。

ここ数十年、マルチメディアブーム、ユビキタス革命、ＩＴブーム、そしてグローバリゼーションに至るまで、今や〝イタい〟響きさえあるブームがいくつもあった。しかし、私は、日本の経済と企業が的確にその本質的な意味合いをとらえられず、したがってそこで経営として真にやるべきこと――その多くは自らのもっとも柔らかくて痛い部分で厳しい自己革新を求められる――を、程度とスピードの両面で十分に実践できなかったのではないかと感じている。

今回のブームにおいては、企業が、経営者が、個人が、まずはその表層的な現象に惑わされずに変化の本質をとらえ、生き残っていくために、そして願わくはそれが産業的、経済的に生み出す色々な意味での「稼ぐ力」を獲得していくために、何が問われているのか。それを提示することが本書の目的である。

技術的にスゴいことと儲かることとは違う（AIも「道具」に過ぎない）

私がCEOをつとめる経営共創基盤（IGPI）では、じつは5年以上前、すなわちAIブームになるはるか前から、東大の松尾豊准教授の研究室と様々な分野でAIの社会実装にチャレンジしてきた。AI開発はデータ分析が前提となるので、IGPIビジネスアナリティクス&インテリジェンスという産学連携型の戦略子会社も設立し、データ分析による企業向け経営サポートも行っている。

もちろん失敗もあったが、顕著なＡＩ応用成功例として、リクルート社と組んで、住宅関連サービスや結婚情報サービス、あるいは同社の新規事業のネット教育アプリサービスの「受験サプリ」（ＡＩ家庭教師ロボット的機能を付加したネット教育サービス）としてスタートし、今や我が国の学校教育全体に大きなインパクトを及ぼしつつある「スタディサプリ」などがある。また、ある対面型サービス領域において、最近話題となっているディープラーニング（深層学習）技術の画像認識力を活用した画期的なサービスが、近い将来、上市《じょうし》される可能性も高まっている。おそらく業界でも驚きをもって受け取られるイノベーションとなるはずだ。

こうした経験から言うと、ＡＩ技術そのものの先端性と、ビジネス上の「儲け」の間には、例によってほとんど相関はないということだ。やはりビジネスセンスがまずは重要で、ＡＩ技術に関しては、その観点から世の中に存在する様々な技術から必要十分なものを選ぶ選択力、そして当該技術を活用してビジネス化する応用開発力、複合的開発力こそが決め手となる。「知能」と言ってみても道具は道具なのだ。ディープラーニングが流行だからといって、それが不得意な分野で使おうとすることはナンセンス。やはりＡＩを道具として「経営」できなくては、「稼ぐ力」には結びつかないのである。

ＡＩ、ＩｏＴ革命期を経営することの本質的な課題、求められる能力とは何なのか。この問いこそが重要な意味を持っている。

Ｌ（ローカル）の風とＳ（シリアス）の風をつかめ

これからの時代、背景にある世の中の大きな潮流の変化として、今までのグローバル化一辺倒、「Ｇの風」一辺倒の流れに対して、ブレグジット（Brexit：英国のＥＵ離脱）やトランプ大統領の当選など、ローカル重視のＬの強烈な風が吹き始めている。我が国でも——拙著『なぜローカル経済から日本は甦るのか』（２０１４年／ＰＨＰ研究所）にある通り筆者自身がその提唱者の一人だったが——それに先んじて、ローカルな経済圏、Ｌの世界の人々やそこで行われている経済活動にもっと光を当てようという運動は始まっていた。安倍内閣において２０１４年に打ち出された「地方創生」、２０１６年に打ち出された「働き方改革」は、基本的にＬの世界に生きる人々を重視する脈絡の政策である。

この「Ｌの風」、じつはＡＩ、ＩｏＴ革命にも大きな関係性を持ってくる。

もう一つ、大きな潮流の変化がカジュアルからシリアスへのシフトである。２０１６年末に、あるＩＴ会社が提供していた医療系のキュレーションサイトの信頼性が社会的な大問題になった。今までのデジタル革命の主領域は、本質的にバーチャルで、サイバーで、カジュアル（Casual）なサービス領域、すなわち「Ｃの世界」で新しいビジネスが生まれ、経済的な価値を生み出していた。

しかし、そういった領域での限界的な価値創造領域は減少し、競争激化もあって、多くのプレイヤーが次第にその事業ドメインをよりリアルでシリアス（Serious）な領域、たとえば医療や金融決済のような「Sの世界」にシフトし始めている。

数年前から金融の世界で「レギュレーション（規制）」と「テクノロジー」を組み合わせた「レグテック」（RegTech）という言葉が欧米を中心に使われ出した。技術によって規制を管理するという概念だが、これも金融領域がシリアスだからこそ、規制とのかかわりが深くなることの反映である。そして、今後のＡＩ、ＩｏＴ革命のフェーズで大きな価値を生むことを期待されているロボティクス技術の応用領域である自動運転や医療・介護サービスは、人の命に関わる典型的な「Sの世界」のサービスである。だから最近のフォルクスワーゲンの排ガス規制不正問題でわかるように、安全規制や環境規制など、技術そのものが複雑、多岐、厳格な規制と厳しい社会的批判にさらされる。デジタル「技術」の観点からも主戦場はカジュアルテックからシリアステックにシフトしていくことになるのだ。

こうなると、「Cの世界」の成功要因だった、お気楽に拙速にどんどん試行錯誤を繰り返す組織能力、企業文化は、むしろ命取りになりかねない。２０１６年末の問題も、医療というまさに人の命に関わる「Sの世界」のキュレーションサービスだったからあそこまで深刻化したのである。こうした「Cの風」から「Sの風」への風向きの変化も、大きな意味を持ちつつある。

日本企業の多くは今までの「デジタル革命」×「グローバル化」×「Cの世界」という組み合わせのゲームでは、はっきり言って負け組だった。しかし、これからは「デジタル革命」×「ローカル化」×「Sの世界」という組み合わせのゲームが重要になってくる。こうした「Lの風」と「Sの風」を、私たちは会社として個人として、どうつかんでいくのか。

WhatよりもWhen、How、Whoの勝負

不確実性が高まると、多くの人々は未来予測を気にかける。ロボットは普及するのか、完全自動自動車はいつごろ実現するのか等々。しかし破壊的イノベーション期において、その手の未来予測も、それを前提にした華麗な戦略プランもほとんど価値はない。なぜなら「破壊的」「革命的」であるということは、その手のWhatの問いはしょせん当たらないし、それが当たってロボットが売れたからといって、ロボットを製造販売して儲かるような産業構造ではなくなってしまう可能性があるからだ。

しょせん当たらない予測に時間とカネを使うことよりも、予測不可能なイノベーションがもたらす変化に迅速かつ鮮烈に対応できる組織能力、経営能力、すなわちＷｈｅｎ、Ｈｏｗ、Ｗｈｏに関わるもっと根源的な戦闘能力を高めておくことのほうが、革命期においては重要な意味を持つ。あなたの企業、そしてあなた自身は、十分な戦闘能力を備えているのか。

サラリーマンモデルvsプロフェッショナルモデル

また、今までのデジタル革命がそうであったように、ＡＩ、ＩｏＴの進化によって産業の知識集約化がさらに進むことは間違いない。となると、経営上の真の差別化資源はより人的、知的なものになり、それも個に依存するものと、集団に依存するものに分かれていくとともに、全体的には前者がより大きな意味を持つようになる。そこで日本企業や日本のビジネスパーソンはどんな課題にぶつかるのか。

少なくとも、インターネット革命、モバイル革命の大波をかぶったＡＶ機器や通信機器のＢtoＣ領域においては、日本の伝統的エレクトロニクス産業の終身年功型のクローズドなサラリーマンモデルの組織は、オープンで流動性の高いシリコンバレー型のプロフェッショナルモデルの組織に対抗できなかった。今後も同じ敗北を繰り返すのか。

少し挙げてみただけでも、このようにいくつもの、それも深刻で難しい問いが浮かび上がってくる。本書では、こうした「経営的」な問いに対し、より本質的かつリアルな解答、あるいは答えに近づくヒントを、読者の皆さんに提示することにチャレンジしていきたい。

ＡＩ経営で会社は甦る◉目次

第2章　なぜ日本企業が有利なのか

第3章　日本企業がとるべき戦略

第4章　AI時代のリーダー像・働き方

第1章

これがAI革命の真相だ

デジタル革命が「バーチャルの世界」から「リアルの世界」へ

ＡＩ（人工知能）やＩｏＴ（モノのインターネット）によって、産業構造が大きく変わろうとしている。

発電設備や航空機エンジンのビジネスでは、ＧＥやジーメンスを中心に、ビッグデータやＩｏＴの活用によって、「モノ売り」ビジネスから安定で高効率なオペレーションを提供する「サービス売り」ビジネスに転換しつつある。建機の世界では、コマツが無人運転技術を使って鉱山の採掘サービスを請け負うビジネスモデルを急速に広げている。自動車産業においても、ネット技術を基盤にしたシェアリングサービスの普及と、自動運転技術の発達で、自動車という「モノ」を作って売ることに価値がある産業構造から、人々に安全で便利なモビリティー（移動手段）サービスを提供する「コト」型産業へと構造転換が起きる可能性が生まれている。

今の状況を私なりにとらえると、１９８０年代から続く、いわゆる「デジタル革命」の最終段階だと考えている。「革命」と呼ぶのは、主役が入れ替わり、産業構造、競争構造がドラスティックに変化するからだ。そして「最終段階」とは、革命的な影響が及ぶ範囲が非常に広い領域、ほぼ全産業に及ぶ可能性があるということだ。

IBMからウィンテルへ［第一期：コンピュータ産業］

デジタル革命の第一段階は、ダウンサイジングと水平分業革命の時代である。

メインフレーム時代の圧倒的な王様だったＩＢＭが潰れかけ、パソコンの基本ソフト（ＯＳ）を制したマイクロソフト「Windows」とハード（ＣＰＵ：中央演算処理ユニット）を制したインテル（Intel）の「ウィンテル」連合が勝者となった。

ここで大事なのは、ＩＢＭを窮地に陥らせたのは、当時の競争相手だったユニシスでもなければ、日立でも三菱でもなかったということだ。ウィンテルは、もともとＩＢＭの下請けにすぎなかった。しかも、当時のＩＢＭにしてみれば、取るに足らない〝端牌《はじパイ》事業〟にすぎなかったパソコン事業の、そのまた下請けにしてやられたのだ。

産業構造が水平分業化し、組み立てメーカー横断的に標準となる基本ＯＳやＣＰＵを提供するプレイヤー、従来だったら単なる下請けメーカーに過ぎないビジネスモデルこそが最も儲かるビジネスになっていったのだ。それとは裏腹《ウラハラ》にＩＢＭのような垂直統合的に半導体製造からSIer（システムインテグレーター）まで全て自前でやっているビジネスモデルは厳しくなる。また、水平分業化の中で、川中の組立工程は個別メーカー単位では付加価値を生まないレイヤーとなっていったのだが、逆にこの時期、ＥＭＳ（製造請負サービス）というこのレイヤーに特化した業態が現れて、巨大なグローバル組立専業事業者へと成長していく。その代表選手が昨年、シャープを買収した鴻海《ホンハイ》である。

本来あり得ないことが起きるからこそ、「革命」というわけだ。ただし、この段階では革命が破壊的な影響を及ぼしたのはコンピュータ産業の範囲までである。

ソニーからアップルへ［第二期：ＢｔｏＣのＡＶ機器・通信関連産業］

デジタル革命の第二期が１９９０年代以降のいわゆるユビキタス革命、つまり、インターネットとモバイル通信革命によって、いつでもどこでも情報にアクセスできるようになったことだ。通信手段が固定電話から携帯電話、スマートフォンへと移り変わる中で、通信機器やオーディオ＆ビジュアルの世界で主役交代劇が繰り広げられた。

オーディオ＆ビジュアル分野の当時のチャンピオンはソニーだった。ライバルはパイオニアやパナソニックであって、アップルなんて眼中になかった。しかし、全然関係ないところからアップルがiPodを引っさげて殴り込みをかけてきた。とどめを刺したのはiPhone

だ。じつに第一期において、IBMとは異なる形でウィンテル勢に駆逐されかかったアップルが、第二期においては違う事業ドメインでまさに革命的な復活を遂げたのである。

通信の分野では、AT&Tのベル研究所の流れをくむルーセント・テクノロジーズが世界最大の通信機器メーカーとして君臨していたが、通信のモバイル化&ネット化に乗り遅れ、モトローラやノキアの台頭を許した。しかし、それも一時の繁栄にすぎず、最終的にはスマホの大波に飲み込まれ、アップルやサムスンが市場を席巻した。また、いわゆる水平分業化の波はこの業界にも押し寄せ、アップルを筆頭にファブレス化が進む一方で、クアルコムのようなキーコンポーネント（基幹標準部品）メーカーが繁栄を謳歌《おうか》した。

国内勢でいうと、電電公社（後のNTT）に通信機器を納めるNEC、日立、富士通などが〝電電ファミリー〟を形成していたが、こうした企業はスマホ時代には残念ながら勝者になれなかった。ここでも競争の構図が劇的に変わってしまったのである。

そして何よりも、1990年代初頭には影も形もなかったグーグルやアマゾンといったベンチャー企業が巨大なグローバル・プラットフォーマーに成長した。

この第二期においても、従来とはまったく異質のプレイヤーたちが時代の覇者となっていった。すなわちこの段階で、デジタル革命は、BtoCのAV機器・通信関連産業を破壊的に変えてしまったのである。

そして現在、ＡＩ、ＩｏＴ、あるいはビッグデータの利用によって起きているのが、デジタル革命の第三幕なのだ。

第三期、いよいよ「リアル」で「シリアス」な世界へ

デジタル革命は、もう一つのグローバリゼーションという革命と同時進行していて、先ほど挙げた企業はその大波をもろに被ってしまったわけだが、ここまではすべてバーチャルな産業、サイバー空間で起きた変化だった。サイバー空間と人間をつなぐ部分の機器（コンピュータ、携帯電話、スマホ）が、そして何よりも産業構造全体が、ドラスティックに姿を変えてきたわけだが、今回、ＩｏＴ化の進展とＡＩ技術の急速な進化によって、いよいよデジタル革命で実現する機能がリアルでシリアスな世界に滲《し》み出し、そこでも破壊的な影響を及ぼす可能性が生まれているのだ。

　裏返して言えば、今までは、コンピュータ産業やＡＶ・通信関連事業の外側では、デジタル革命は決定的、破壊的なイノベーションを起こしていない。

　たとえば、ここに来て自動運転技術が話題の自動車産業。自動車というのは、熱力学や物理的運動、すなわち「現物」が関係しているメカニカルな分野である。かつまた人の命がかかわるシリアスな輸送用機械を製造・販売するビジネスである。重電産業や医療産業

なども同じ特性を持っている。こういうリアルでシリアスな産業は、今までのデジタル革命においては、決定的な影響を受けてこなかった。その証拠に、こうした産業領域では主要なプレイヤーは交代していない。

もちろん自動車産業も、カーナビの登場や燃料噴射の電子制御化など、デジタル技術の影響は受けてきた。しかし、自動車産業の構図が多少変わったと言っても、相変わらずトヨタとフォルクスワーゲンが競っているだけで、途中でＧＭが一回倒産したりしたものの、30年前から顔ぶれは変わっていない。また、最終組み立てメーカーを頂点とするピラミッド型の産業構造もおおむね維持されてきた。基本的に同じ顔触れ、同じ構造の中で勝った負けたをやっているにすぎない。インドのタタ・モーターズのように新興国の自動車メーカーが出てきたといっても、キャッチアップ型で同じことをやっているだけなので、異質でも何でもない。その昔、ＩＢＭの背中を日立が追いかけていたのと同じである。

結局のところ、今までのデジタル技術によるブレイクスルーは、基本的に情報通信や情報処理といった、バーチャルでサイバーな世界で劇的に新たな可能性を生み、生産性を飛躍させた。だから基本的にバーチャル空間、サイバー空間に新しいビジネス、産業、競争の構図をあっという間に作り出したのである。

その一方で、熱と質量、モノや人間の「現物」が関わるリアルな世界では、今までのブレイクスルーは、産業の基本経済構造や、競争の構図を一変させるほどのインパクトを持ちえなかった。

しかし、ＩｏＴとは、モノのインターネット、すなわち「現物」がインターネットで結ばれることを意味し、ＡＩ（人工知能）とは、「現物」を制御する、あるいは生身の人間の「脳」が行っている作業の一部を機械が代替する技術である。考えてみれば、この世のほとんどの産業、経済的、社会的な営為には人間が関わっており、私たちは脳神経系をコントロール中枢として、色々な仕事をこなしている。ここから先、ＡＩ、ＩｏＴ技術を梃《て》子《こ》に新たな革命的イノベーションの波が覆うとすれば、今まで決定的な影響を受けて来なかった、リアルな世界のほとんど全ての産業が影響を受けることになる。

自動車、機械、重電、建設、サービス業、農業、そして全産業へ

リアル産業でも革命的な変化が起きるとすると、自動車などの製造業はもとより、金融、小売り、飲食、運輸、観光、建設、医療、介護、さらには農業に至るまで、ほとんどすべての産業で、産業構造、競争構造が激変し、活躍する企業の顔ぶれも大きく入れ替わってしまう可能性がある。

これは既存のプレイヤーにとっては潜在的に大ピンチで、進化論的に言えば、それまで

生存していた種が淘汰されて絶滅に追い込まれるのは、まさにこういうときなのだ。これまで恐竜同士の生存競争だったものが、恐竜全部が絶滅に追い込まれる危険があるということだ。

今回の大波は、デジタル革命から最も遠かった医療現場や介護現場、あるいは建設現場など、労働集約型のフィジカルなサービス産業、さらには農業などの第一次産業にまで到達しそうだということで、その影響が従来よりもはるかに広い範囲に及んだとき、そこで活動している既存の企業、そして個人は、大きなピンチとチャンスに同時に遭遇することになる。一足先にデジタル革命の大波に飲み込まれた日本の電機メーカーが味わった艱難《かんなん》辛苦《しんく》を、下手をすると、これからは多くの産業で味わうことになるかもしれない。逆にこの波を梃子にして、飛躍的に生産性の高い（＝高賃金の）産業に生まれ変わるところも出てくるだろう。これが現状に対する私の認識である。

インダストリー4・0はしょぼい話？

ドイツが推進している産業政策「インダストリー4・0」が一時話題を集めたが、あれはあくまで製造業の中でＩｏＴを使って生産性を上げていこうという話で、東大の坂村健先生がいみじくもおっしゃっていたように、トヨタのカンバン方式をオープンにしてみんなでやりましょう、というようなことにすぎない（坂村健氏との対談「ＩｏＴが起こす第４次産業革命」より。https://newspicks.com/news/1733496/）。

言い換えると、生産管理をＩｏＴによって個別の工場や企業の枠組みを超えて最適化し、資産の活用効率、回転効率を飛躍的に高めようという話だ。これが在庫などの流動資産であれば、まさにトヨタのカンバン方式の話だし、固定資産であれば、最近提唱されている、世の中全体で５％ほどしか稼働していないとされる工作機械を共用化して大幅に稼働率を高めよう、というある種のシェアリングエコノミーのような試みになる。

こうした取り組みを企業横断的に行うのは、経済社会全体で見ると大変に結構なことだが、裏返して言えば、生産管理に関わる機能ドメインが社会的共用資産、すなわち非競争領域となるということだ。だから、個々のメーカーの立場では、かかる流れが本格化したら、それにしっかり乗って競争劣位にならなければよいというだけの話であって、この限りではどうということはない。

しかし、これから本当に重要になるのは、そんなしょぼい話ではない。第一幕、第二幕で起きたのと同様に、デジタル革命の第三幕が、今度は非常に幅広い産業領域で、プレイヤーの顔ぶれが大きく変わってしまうほどの構造的な大変化を起こしかねないのだ。

インダストリー４・０についても、それが破壊性を持つとすれば、生産管理ドメインが非競争領域化して生産工程で差別化できなくなったときに、後述する「スマイルカーブ現象」のようなことが今まで以上に多くの製造業で起き、産業構造が大きく変化する可能性があるからだ。

トヨタが自動車を作らなくなる日?

かかる変化が起きた時、トヨタから見れば、真の競争相手はフォルクスワーゲンではなく、ライドシェアの「ウーバー(Uber)」や「リフト(Lyft)」かもしれない。あるいは、カーシェアリングの会社、分かりやすく言えばレンタカー会社が大化けするかもしれない。自動車が移動のためのツールにすぎないとなれば、必要なときに手配できれば、そもそも所有する必要さえなくなる。配車サービスやカーシェアリングのプラットフォーム企業が破壊的イノベーションで自動車産業を飲み込み、自動車メーカーはプラットフォームに自動車を提供するだけの存在になる可能性も否定できない。

スマホやタブレットなどのデジタル機器では、垂直統合で自らiPhoneやiPadを作るアップルを除けば、メーカーはみんなグーグル(すなわちアンドロイド)の軍門に下ったわけで、それと同じことが、自動車業界でも起きる可能性がある。

そうなると、真面目に自動車を組み立てても儲からなくなるかもしれず、しっかり「稼ぐ力」のある企業として生き残っていくには、自動車を作るよりも移動する「コト」に関わるサービス型企業に変身すべき時代が来るかもしれない。あの帝国ＩＢＭがコンピューターメーカーからＩＴサービス企業に大変身したように。

だからこそ、トヨタは現在、シリコンバレーに人工知能研究所「トヨタ・リサーチ・インスティテュート（ＴＲＩ）」を設立して、ＣＥＯにＡＩとロボティクス研究のスーパースター、ギル・プラットを迎えたり、サンフランシスコのカーシェアリングサービス「ゲットアラウンド（Getaround）」に出資したりして、様々な可能性に対し必死になって対応しようとしている。それが今起きていることの真相だ。

「稼ぐ」構造が根こそぎ変わる

技術的なブレイクスルーが起き、それが新しいアプリケーションを生み出すとき、人々はそのことに目を奪われ、当該発明・発見自体がビジネスの勝敗を決するかのような錯覚に陥る。しかし、今までのデジタル革命の各ステージで、パソコンにしても、さらにはインターネット検索サービスにしても、それを先に発明したプレイヤー、あるいは技術的に最も優れた製品を開発したプレイヤーが勝ってきたわけではない。マイクロソフトのMS-DOSは必ずしも優れた基本OSとは言い難かったし、検索サービスを最初に本格的にビジネス化したのはグーグルではなくヤフーである。

当時を思い出すと、いわゆるその道の専門家ほど発明・発見自体のインパクトに目を奪われ、「これで勝負あった」「○○社の天下は揺るがない」「××社はもう終わりだ」などと、後から考えると〝イタい〟見立てをしていたものだ。

私自身、鮮明に覚えているのは、10年余り前、日本の某液晶メーカーが絶好調だった頃に、その企業のトップが「冨山さんたちは技術の素人だからわからんだろうが、我々の技術は圧倒的に先行していて、韓国勢や台湾勢が追いつくのに最低10年、おそらく20年はかかる。だから今、慌てて再編する必要は感じない」と豪語していたことだ。

液晶にしても半導体にしても、ある時点までは、技術、ノウハウ、基礎研究、資金力、国の支援などあらゆる側面で、日本勢は圧倒的なポジションを持っていた。だからインテルは、1985年にその祖業であるDRAM事業から撤退したのだ。しかし、デジタル革命の波の中で産業構造が激変すると、あの時点での敗者インテルこそがその後の圧倒的な勝者となり、日本のDRAM産業は事実上壊滅していったのである。

要は、革命的なイノベーションの波に飲み込まれた業界において、ビジネスの世界での勝ち負けは、あくまでも急速に変化する環境の中で、構造的・持続的に「稼ぐ」ことのできるビジネスモデル、競争モデルを先に構築できたかどうか、他社に代替されにくい唯一無二のポジションを築き上げられたかどうかで決まる。

技術的に劣位にあっても、その技術が誰でも買えるものであれば、本質的に競争上のハンディキャップにはならない。パソコン事業であれば、インテルが汎用CPUビジネスモデルで圧倒的なシェアを確立した瞬間に、もはやCPUは競争領域ではなくなる。CPUはパソコンという製品にとっては心臓部そのものだが、パソコンビジネスとしては、その開発で後《おく》れを取ったからといって、何も絶望することはないのだ。

逆に「革命初期」に一発当てて調子に乗るのも禁物だ。今、ＡＩの応用分野としてロボットが注目されているが、ここでヒット商品を出したからといって、産業構造までもが変わってしまった時に、「ロボット製造・販売業」というビジネスモデルが儲かり続ける保証はない。このパターンで消えていった事例も枚挙にいとまがない。あのアップルのマッキントッシュもある意味、その一つである。

こういう時期に大事なことは、目前のイベントに目を奪われず、一喜一憂せず、今起きていることの産業的な意味合い、競争上の意味合いを冷徹に洞察することなのだ。

無用な焦燥感や悲観論で「負けパターン」に陥るべからず

目の前の華やかな現象に惑わされてはいけないのは、今後のＡＩ開発の世界などでも同様だ。ＡＩ技術そのものの世界で、米国や欧州の企業や研究機関に後れを取っていることを悲観視する声を聞くが、ＡＩ研究は優れた個人が国境や企業の壁を越えてコラボするスタイルになっていて、その基盤となっている人材の流動性は高い。また、アルゴリズムを軸とした要素技術体系もオープンソースになっていく流れを考えると、こうした開発成果は、特定の企業がクローズドに囲い込むことは難しくなるし、それを半導体チップのような世界に閉じ込めても、おそらくインテルのＣＰＵと同じく、一般に外販される可能性が高い。さらにはアルゴリズムの数式自体も公開されて、どの企業でもアクセスできるようになり、まったくもって競争領域ではなくなってしまう可能性さえ高い。

前述したように、ＩｏＴもその性格上、本質的に色々なビジネスプロセスのオープンプラットフォーム化を促進するイノベーションなので、これは「勝つ」ため、「稼ぐ」ための差別化領域にはならない可能性が高い。

現時点での出遅れ感は、経営論的にまったくもって致命的ではないのだ。

他方、こうした状況で一番恐れるべきは、慌てふためいてかかる領域で中途半端にキャッチアップ的、me-too的な自社開発に無駄な時間とエネルギーを使い、結果的に世の中の標準となって格安で手に入るベストプラクティスに乗り損ねることである。日本企業の多くがＥＲＰ（Enterprise Resource Planning：統合基幹業務システムソフト）の普及期に犯した過ちだ。例えばメーカーにとっての勘定系のシステム開発・維持のように、顧客が金を払ってくれない、何ら差別化要因にならない領域に、日本企業は多額の費用と時間を費やしてしまった。携帯電話ビジネスのガラパゴス化も同じような構図だ。

次に恐れるべきは、悲観が過ぎて、「今さらＡＩやＩｏＴの活用を目指しても手遅れ」と、こうした流れにまったく背を向け、無謀な「我が道を行く路線」に凝り固まるパターンである。イノベーションの波の影響を受けない、時空を超えたダントツのコンピタンスがあれば別だが、大抵は絶滅への道をたどる。

要するに、過度の焦燥感や無用な悲観論に流された情緒的な経営判断の誤りは、確実に「負ける」原因、「稼げなくなる」理由にはなるのだ。

デジタル革命で起きる、ほぼ「確実なこと」と「不確実なこと」

では、デジタル革命の波に飲み込まれたときに確実に起きることは何だろうか？

結論から言うと、破壊的イノベーションというのは予想ができないことが起きるから破壊的なイノベーションなのである。だから確実なことは何もないというのが正解だ。ただ、過去のデジタル革命第一期、第二期の「歴史から学ぶ」とすれば、いくつかほぼ「確実なこと」が浮かび上がる。

「ビジネスサイクルの短命化」……これは、多かれ少なかれ避けられない。少なくともイノベーションの大波が引くまでは、製品やサービスはもちろんビジネスモデルレベルでも、次から次へと新たなものが登場しては、一部が残り大半が淘汰《とうた》される活発な新陳代謝が繰り返される。だから本当の脅威となる競争相手も、どこから現れるかわからない。地球の裏側の企業か、ベンチャーか、異業種か、自社の下請けか。大事なことは予断や思い込みの呪縛を捨てて、ありのままに世の中で起きていることを見つめる「白地の観察力」だ。

確率論としては、イノベーションを起こすのは自社以外である確率のほうが圧倒的に高い。経営スタンスとして自らイノベーションを追求する意思は重要だが、それ以上に誰かにやられてしまったイノベーションを自社に有利に作用させる戦略性こそが、現実経営の勝敗を決めている。ストレートに言えば、事業ポートフォリオ、機能ポートフォリオの入れ替えを常態的かつ臨機応変に行えない企業は、非常にヤバい状況に追い込まれる。これが日本の「総合」電機メーカーに起きた悲劇である。

「**製品・サービス・機能の標準化、モジュラー化**」……これもかなりの確率で起きる。デジタル化が進むということは、当該領域は標準化、モジュラー化が飛躍的に進みやすくなるということである。アナログな作り込みも、よほど競争市場から見て決定的な意味を持つ領域（顧客から見れば、そこにはいくら金を払ってもいい領域）でもない限り、標準化、モジュラー化でコストが何十分の一、何百分の一に下がってしまうと吹き飛んでしまう。日本の伝統的な優良「モノづくり」企業は、ほとんどの場合、アナログな作り込み、すり合わせが得意である。すり合わせ、すなわちAとBを何とか折り合いをつけて足し算するのは得意だが、AかBかどちらかを鮮烈に「捨てる」引き算はとにかく苦手。すると、どうしても得意技である作り込みを過剰にやってしまい、桁違いに安いコストで標準モジュールを展開するプレイヤーに太刀打ちできなくなる罠に陥《おちい》りがちだ。

はっきり言おう、製造業に限らず、「フィンテック（Fintech：ファイナンシャルテクノロジーの略）」「ブロックチェーン」の波をかぶる金融業を含め、日本の歴史ある企業の99％は放っておくとこの罠に陥る。「日本的経営」とは、同質性、連続性、すり合わせ、ボトムアップ、コンセンサスの経営、「あれも、これも」の経営だからだ。言わば遺伝子レベルで刷り込まれているこの特性の強みを生かしつつ、それを致命的欠点としないためには、「あれか、これか」の選択のための経営のリーダーシップ、トップダウン的要素を適時、的確に作用させるしかない。

「スマイルカーブ現象」……詳しくは後述するが、いわゆるインダストリアルバリューチェーンの中で、川下側で顧客インターフェースを握り、そこでサービスやソリューションを軸とした付加価値を提供するプレイヤーと、川上でキーコンポーネント（＝圧倒的シェアを握るデファクト標準モジュールのサプライヤー）やキーマテリアルを供給するプレイヤーとが高収益をあげ、間に挟まって組立作業型の事業を営むプレイヤーが相対的に儲からなくなる現象もかなりの確率で起きてしまう。いわゆる「ファブレス」化的な現象が、エレクトロニクス産業以外の製造業にも広がってくる可能性が高いのだ。

こうなると、どんなに素晴らしい技術や製品を持っていても、かかる産業構造の変化の中で「稼ぐ」ことのできる戦略的ポジションを取れないと、経営的には窮地に追い込まれることになる。これがかつてデジタル革命第一期にＩＢＭが落ちた罠であり、第二期に我が国のエレクトロニクスメーカーがテレビ事業や液晶事業で陥った「負けパターン」である。要は、ここでも大胆に「捨てる」経営力が求められるのだ。これまた現場主導ではどうにもならない、まずはトップの「経営力」が問われる問題なのだ。

「**小さいこと、若いこと、の優位性の向上**」……大きな変化、それも不連続で破壊的な変化が起きるとき、既存事業者が今まで積み上げてきた経営「資産」は、あっという間にレガシーコストという経営「負債」に変わってしまうことがある。

起業ブームだなんだと言ってみても、現実経営の世界では、ほとんどの場合、ほとんどの産業で、歴史があって規模の大きい会社が有利に決まっている。しかし、革命的な変化の時代においては、古くて大きいということは、巨大なレガシーコストを抱え込むリスク、そして環境変化のスピードについていけないリスクに対峙《たいじ》することを意味する。例えば、いわゆるフィンテックのコアテクノロジーであるブロックチェーンの発展によって、既存の銀行が持っている巨大なシステム、支店網、それらを支える多くの人員が不要になれば、こうした「資産」は一気に巨大な「負債」に転じる可能性がある。要は、小さいこと、若いことの優位性が大幅に高まるのだ。

個人の立場で言えば、「古くて大きい」側でこの課題に立ち向かうか、それともここぞチャンスとばかりに自らベンチャーに身を投ずるか、という選択がリアルになってくる。

「**トップの経営力の時代**」……以上、突き詰めて言えば、もっとも「確実なこと」は、デジタル革命の時代は、経営の時代、とりわけ経営者の時代になるということだ。

逆に、ここで指摘したこと以外のほとんど全ては「不確実なこと」、一生懸命に予測し、事前に緻密な戦略を組み立ててもほとんど意味がないことばかりである。かく言う私も、第一期（１９８０年代）、第二期（１９９０年代）は「戦略コンサルタント」として飯を食っていたので、コンピュータ、エレクトロニクス、通信分野において色々な戦略案を作ったが、今読み返すと赤面ものの〝イタい〟提言だらけである。不確実なことは不確実なものとして経営すること、これは私たちが賢者たるための「歴史からの学び」なのである。

産業革命の核心はＡＩの進化と「Ｓ（シリアス）の世界」

大きなイノベーションが起きる時期には、いくつかの技術的なブレイクスルーとそれを「稼ぐ力」のある産業へと結びつける大きな社会的なニーズが存在する。「産業革命」という名前のつく時代には、必ず技術的なシーズサイド、供給サイドの大きな進化と、社会の側のニーズサイド、需要サイドの増大とが、ダイナミックに相互作用して、新たな産業や社会システムが生まれるイノベーションが起きている。

しかるに第四次産業革命期と言われる今、シーズサイドでは、ここまで述べてきたようにＡＩ、ＩｏＴ、ビッグデータに関連する領域で、数々の量的、質的ブレイクスルーが多重的、複合的に起きており、その威力は、従来のスコープをはるかに超えて、幅広い産業分野に及ぼうとしている。行く先の産業分野には、日本国内で言えば、少子高齢化問題、労働力不足問題、エネルギー問題、世界に枠を広げれば、環境、貧困、格差、食料など様々な問題がより深刻度を増している。アジア諸国は、日本が今抱えている問題にも、早晩直面することは確実だ。

こうした供給サイドと需要サイドを繋《つな》ぐのが「生産性」という概念である。供給と需要は対立概念ではなく、循環的な概念である。すなわち、需要側の欲求にマッチした生産活動を効率よく高い生産性で行うことで、当該生産活動の付加価値率が高まり、それによって生産者の所得が上がり、結果として消費力や投資力が上がる。生産者はすなわち消費者、投資者でもあるので、高い消費力、投資力はすなわち需要を押し上げ、それがさらに生産性の向上を必要とする。

産業革命のドライバーは、この循環の要となる生産性を飛躍的に高める、大きな技術的ブレイクスルーと強烈な社会的欲求との邂逅《かいこう》なのである。生産性という概念は、経済的な付加価値を投入資源（資本や労働）で割ったものなので、まずは付加価値創出、すなわち金の匂いのする邂逅こそが、ドライバー中のドライバーということになる。今、色々なバズワードが飛び交う中で、この観点からはやはりＡＩ技術の進化と、リアルでシリアスな「Ｓの世界」のニーズが出会うところに大きなドライビングフォース（推進力）が生まれると私は、考えている。

限界費用ゼロビジネス化は「ネットビジネス」の終わりの始まり

デジタル革命第二期にもっとも繁栄を謳歌してきた「バーチャル」で「サイバー」で「カジュアル」な「Cの世界」の産業群、分かりやすく言えばいわゆるネット系ビジネスモデルは、今、大きな曲がり角を迎えている。かつてほど衝撃的なサービスを生み出すネタが枯渇しつつあるのと、ある程度のヒットを飛ばしても、それがなかなかお金にならない、いわゆるマネタイズが難しくなっているのだ。

あれだけ普及し、鳴り物入りで上場したLINEにしても、マネタイズの部分ではいまだに試行錯誤の感をぬぐえないし、ネットゲーム系も最近はテレビ広告を梃子にした力勝負のあまりスマートでない戦いになっている。成長が期待されたキュレーションサイトもその中身の「お気楽さ」「信頼度の低さ」が大きな社会問題を起こしてしまった。

2015年、IoT革命の社会的なインパクトを論じた『限界費用ゼロ社会』(ジェレミー・リフキン著/NHK出版)が大きな話題となったが、インターネットが作り出す世界においては、ネットワークという巨大なサンクコスト(埋没費用)の上で、ほとんど限界費用を使わずに展開できるビジネスが可能になる。デジタル革命第二期にあれだけ多くのベンチャー、それも少人数のアイディアから始まったベンチャーがあっと言う間にグローバルなメガベンチャーに成長できた経済的な背景の一つは、このフリーライド構造にある。

社会的には、インターネットが巻き込む空間が広がって、今後さらに新たなベンチャーの台頭やイノベーションを巻き起こす可能性が大きくなることは結構なことである。消費者としては、画期的なサービスを非常に安い価格、場合によってはタダで利用できるようになることも素晴らしい。

他方、個別ビジネスの単位で考えると、限界費用がゼロということは、参入障壁が低いことを意味する。参入が容易ということは、経済学が教える通り、競争激化によって価格はどんどん限界費用付近まで下がっていくので、サービスは実質的に無料化しやすい。

伝統的な限界費用ゼロビジネスは、典型的には電力、通信、ガスなど、あらかじめ巨大な設備投資を必要とするユーティリティーサービスで、ここでは自然独占が起きやすく、放っておくと産業構造は寡占化し、独占によって事業者が過剰な利益を上げてしまうことが一つの大きな問題だった。

しかし、インターネット革命が生み出したネットビジネスの世界では、新規プレイヤーは基本的に既存インフラにフリーライドして参入でき、かつネット上のバーチャルな世界では、顧客側から見たスイッチングコストは著しく低いので、強固な競争障壁も作りにくい。すなわち自然独占どころか、むしろ完全競争に近い状況になりやすいのだ。

結局、時が経つにつれて、競争は激化し、価格は低下する構造からますます抜け出せなくなる。そこでいわゆる広告モデルに活路を見出すのだが、テレビのように電波の有限性に基づく独占性がベースにないので、これまた広告の価格は市場原理で決まっていき、テレビの時代のような超過利潤、レントは取れなくなっていく。

コンテンツについても同様で、アーカイブものはやはり配信にほとんど限界コストがかからず、差別化も難しいので、価格競争に陥りやすく、音楽配信にせよ、映像配信にせよ、それが持続的に大きな収益を上げる構造を作ることは難しい。結局、定額動画配信のネットフリックスが展開しているように、新制作のドラマ、すなわち限界費用を投じた〝生もの〟で勝負する、そしてそのコンテンツ制作のためにビッグデータ解析やＡＩ技術を使うという戦略展開にならざるを得ないのだ。

要は、サイバー空間でほぼほぼ完結できる典型的な「ネットビジネス」の時代は黄昏《たそがれ》を迎えつつある。デジタル革命第三期は、そんな時期に起きつつあり、これは今までのネットビジネスの常識が通用しない時代の到来をも意味しているのだ。

従来型ネットビジネスの活路は、「ライブ」×「タイムゾーン」戦略にあり

このように従来型のネットビジネス、バーチャルでサイバーな空間で展開できるビジネ

スが「稼ぐ」機会、特に「Cの世界」のチャンスが次第に減少している中で、まだ残されている沃野があるとすれば、それはライブコンテンツのネット配信である。

ＩｏＴは「モノのインターネット」と訳されるが、Thingには「コト」という意味もある。じつはＩｏＴによるイノベーションは、「モノ」よりも「コト」がインターネットでつながってグローバルに大化けする形で、本来は地域密着型のローカル型産業であるライブエンターテインメントの世界において先行的に始まりつつある。

そもそも、世界の消費の軸は「モノ」から「コト」へシフトし、観光業やライブエンターテインメント産業は世界的な大成長産業となっている。我が国も例外ではなく、「失われた20年」と言われる停滞の時期にあっても、ライブエンターテインメント市場は一貫して成長を続けてきた。それを支えてきたのは、お金を使わなくなったと言われる20代、30代の人々で、ライブイベントごとの平均単価は1万円に迫る勢いである。

なかでもスポーツライブエンターテインメントは巨大産業領域に変貌しつつあり、特に日本が位置するアジアのタイムゾーン（ゴールデンタイムにライブ中継を視聴できる経度時間帯）には、10億人、20億人の観客が視聴、来場するポテンシャルがある。２０１６年、Jリーグが英国に拠点を置く国際スポーツメディアと10年間で約２１００億円の巨額なインターネット配信権契約を締結するに至った背景はこれである。しかし、これとてタイムゾーン人口がアジアよりはるかに少ない欧州における、イングランドプレミアリーグの1年間の放映権料（約3500億円）よりもはるかに少額だ。日本という立地が持つアジアのタイムゾーンの潜在価値はまだまだ実現されていない、すなわち巨大な伸びシロがあるということなのだ。

サイバー空間において、人々はアーカイブコンテンツにほとんどお金を払わないし、すぐに供給過多になって価格は限界コスト、すなわちゼロに近づいていく。しかしライブコンテンツは、その瞬間の一期一会《いちごいちえ》の感動の体験と共有が価値の源泉であり、そこには人々はお金を払い、コンテンツは一瞬の〝生もの〟なので供給過多現象も起きようがない。結局、この領域でも新鮮な「リアル」性を持たなければ「マネタイズ」が難しい時代になっているのだ。そして、日本で行われるライブイベントは、唯一無二の競争障壁とも言うべきタイムゾーンの優位性を持っている上に、日本の政治的、社会的、気候的な条件は、スポーツでも、音楽や演劇でも、世界最高レベルのライブイベントを行う上で、アジアでは圧倒的に有利なのである。

「ビッグデータ」と言うけれど「金の匂いのするデータ」は希少

実際にビジネスの現場でデータに触っていると、ビッグデータというバズワードがかなりブーム的に過大評価されている感がぬぐえない。いくらデータをたくさん集めたからといっても、何でもかんでも一緒くたにしているようでは、そこから経済的な付加価値が生まれるケースはあまりない。

今から20年以上前、私は携帯電話会社で契約者のチャーン（解約）対策の責任者をやっていた。携帯電話会社は言わばビッグデータの宝庫で、契約者のプロフィールから、通話状況、料金支払い状況まで、膨大なデータを持っている。そうしたデータを分析して、解約の兆候となる因子を傾向値として見つけ出し、事前の解約防止策に結びつける。今どき色々なところで言われているビッグデータ活用とほぼ同じ話だ。

当時はこれをデータマイニング、データの鉱山から価値ある情報を掘り出すという意味で、マイニングという言葉を使っていた。要は、今言われている話のほとんどは取り立てて新しい話ではないのである。状況が何か変わったとすれば、携帯電話会社のような特殊な条件を持つ企業でなくても、膨大な量のデータをインターネットというオープンな世界から集めることが可能になったこと。それからコンピュータの能力が飛躍的に伸び、使い勝手の良いソフトが開発されたため、高度な解析技術、高性能の解析インフラが多くの人々にとって活用可能になったことだ。

その一方で、ビジネスに活用するということは、鉱山資源開発と同じで、資源を掘り出すコスト及び製錬（データ分析の世界ではこれを「データクレンジング」という）するコストと、それが生み出す収益が釣り合わないと成り立たない。いくらデータが集まっても、「稼ぐ」ために有用な情報の含有度の低いデータではペイしないのである。おまけにデータの多くは〝生もの〟なので、掘り出すのが遅れると使い物にならなくなる。

現状では、資源探査能力（データ解析能力）は上がり、質はともかくアクセスできる鉱山の量も増えてきた。しかし、真の課題はそこから先、資源含有率、すなわち質の問題である。これはデータそのものの態様（フォーマットや取られ方）と、活用先の商売上の使い道との組み合わせで決まるのだが、この観点から、よく言われているビッグデータの潜在力の話の中で、ビジネスの次元で〝金の匂い〟のする話はあまり多くない。

ここでの質問はシンプルだ。「あなたはビッグデータから掘り出された何かいい事にお金を払いますか？」ということである。色々と夢のようなことが語られているが、その中で、私たちに本気でそれなりの金を払う気にさせるものがあるのか、一度、冷静に考えてみたらいい。

先ほどの解約防止の話は、これがもろに携帯電話事業者の収益に響く、使い道において、めちゃくちゃ〝金の匂い〟のするビッグデータであること、そして携帯電話の利用状況というデータの質としてめちゃくちゃ〝金になる情報の含有率〟が高いから、必死になってデータマイニングをする価値があったのだ。

さらに言えば、今起きているＡＩ革命の核心的な技術的ブレイクスルーであるディィープラーニングにおいては、データは量よりも質が圧倒的に重要になる。下手に既存のネット上の雑音だらけ、ゴミだらけのデータを使うより、開発目的に合わせて整った環境で、整ったデータを取り直した方が、よほど効果的な成果が生まれる場合が多いのだ。

日本においては、政府や公的機関が管理しているビッグデータが十分に活用されていないために、社会的に大きなロスが生まれていることは事実であり、その対応は急がれるべきだ。また、データをビジネス活用するときに、インターネット上であれ、企業レベルであれ、フォーマットが整った状態で蓄積され、かつビジネス利用するときの環境（個人情報の問題、交換時の市場ルールなど）が制度的に整備されることは望ましい。

しかし、個別企業経営の次元におけるビジネスイノベーションの領域では、ビッグデータ解析それ自体が金になる、真の競争障壁になることはそうそう多くない。あくまでもリアルなビジネス展開、戦略展開の意思を持ち、そこでリアルな手段としてデータ分析を活かすスタンスがなければ〝金の匂い〟はしてこないのだ。

ＩｏＴで集まってくるデータを食べ、進化するＡＩが「Ｓの世界」を変える

ＡＩ、ＩｏＴ、ビッグデータという三大バズワードの関係性を整理すると、ＩｏＴで色々なデータが集まりやすくなり、そのデータを食べてＡＩが成長・進化する。進化したＡＩが実装されたＩｏＴネットワークや機器が進化・普及することでさらに有用なデータが集められるようになり、これがＡＩの進化を促すという循環構造だ。

いわゆるインターネットの世界だけでは経済的な価値創造が難しくなっていること、ビッグデータもそれだけではあまり〝金の匂い〟がしないことは既に述べた。結局、これからの勝負は、デジタル革命の主戦場になってくるリアルでシリアスな産業領域、「Ｓの世界」でこのような循環を起こせるかにかかっている。そしてリアルな世界で、私たちにリアルに金を払う気にさせてくれるコア・エンジンは、ＡＩによる「自動化」技術の大進化、すなわち今までの人類史のなかで私たちを苦役から解放してきた数々の道具と同じ役割を果たしてくれるＡＩなのである。

ＡＩ革命（＝大自動化革命）ではタブーの少ない日本に勝機あり

ＡＩの産業応用というと、欧米では必ず失業問題や移民問題とリンクしてしまう。ＡＩの現実的アプリケーションは、それぞれの分野において、本質的に自動化、省力化を促すことになってしまうからだ。ＡＩ革命は、「大自動化革命」とも言い換えられるのだ。

この話はブレグジット（英国のＥＵ離脱）やトランプ現象ともつながっているのだが、欧米では日本と違って、（サービス産業や工場労働者といった）ローカルな産業はもともと人手不足に陥っているわけではない。そこに移民がなだれ込んできているので、ローカルな仕事の奪い合いになって、失業率が高止まりしている状況だ。そのため、ＡＩによって人の仕事が奪われることに対する警戒心が日本よりも強い。だから、技術レベルでの開発は進んでも、社会実装段階のハードル、特に大規模な商用化段階での政治的、社会的なハードルは極めて高くなってしまうのだ。ここに来て、移民問題や格差問題が日本よりも桁違いに深刻化している欧米においては、このハードルはますます高くなっていくだろう。

グローバル化の遅れと人手不足が有利に働く

では、なぜ日本の政治が安定しているかと言えば、ローカルな世界で生きている人がそこまでストレスを感じていないからだ。

ストレスを感じない理由の一つは、グローバルで活躍している人の数がそこまで多くないことが挙げられる。日本経済が、残念ながらグローバル化の負け組になっており、成功者の数も程度もたいしたことはないからである。東京にいても、グローバルな勝ち組がそこらじゅうにいるわけではない。数が少ないから、あの人だったら何千万円、何億円もらっても許せるのである。どうやら外資系コンサルティングファームでは寝る間も惜しんで働いているらしい、ということになると、逆に同情したりして、あまりうらやましいとは感じないのだ。

もう一つ大きいのは、少子高齢化という問題と、日本が結果的に移民政策に消極的なことが重なり、ローカル経済圏（サービス産業を中心とする労働集約的な地域密着型産業群）が人手不足に陥っているからだ。

日本の雇用の8割を占めるローカル経済圏は、本当に深刻な人手不足の状況にある。日米独をはじめ、グローバル化の進展は先進国の雇用をよりローカル経済圏依存型にする。

ローカル経済圏を構成する産業の多くは対面型で、サービスを提供する人間がリアルかつリアルタイムでそこにいなくてはならない同時同場型のビジネスなので、グローバル化が進んでも空洞化しにくいからである。ユーロ安、低い法人税率、労働市場改革で製造業絶好調に見えるドイツでさえ、ほぼ日本と同じで、約8割の労働者はローカルな産業で働いている。

このように今や「主要」経済圏となっているローカル経済圏において、少子高齢化の進展は、医療、介護、交通・運輸などの地域密着型産業の主要顧客である高齢者の比率を高める一方で、そこで働くべき生産労働人口の先行的な減少を加速する。これは構造的で、日本全体の人口が減っても少子高齢化が継続する限り解消しない。要は、いきなり膨大な数の外国人労働者を入れない限り、単純計算で出生率が2を超える状態が何十年も続かないと、幸か不幸かこの構造的人手不足からは脱却できないのだ。

仕事を奪い合うどころか、どこも人手不足で苦労しているので、こうした領域では、進化したAIを搭載したロボットによって自動化してもらったほうがありがたいのである。それも一過性ではなく、この国では、これから先もずっとそういう状況が続く。

勝ち組に見下され、移民と仕事を奪い合う

米国や英国では逆に、グローバリゼーションの流れに乗って大金持ちになった人たちがゴロゴロしている。サンフランシスコやニューヨークに行くと、そういう勝ち組の人たちが、人種や出身地で差別するなんて頭の悪い人がやることだ、ダイバーシティ（多様性）が何よりも大事だ、ともっともらしいことを言う。それが、田舎の白人労働者には許せない。そういう建前を語る人たちの多くが、いわゆるＷＡＳＰ（白人・アングロサクソン・プロテスタント）ではないことも、彼らの怒りに拍車をかけている。

さらに、移民労働者が続々とローカル経済圏に入ってきていることが、彼らのストレスを高めている。たとえば、仮にＧＭの工場をクビになっても、その次の仕事が安泰であれば、そこまでストレスは感じないが、ホテルの従業員や清掃員などの仕事に就こうとすると、ヒスパニックとぶつかってしまう。自分たちの仕事が奪われたという思いが強いから、二重にストレスを感じているのだ。

そういうストレスがもともとあるところで、ＡＩでガンガン自動化を進めますなどと気軽に口にすれば、猛反発が起きる可能性がある。それは社会的、政治的コストが高すぎるので、国としては、そんなにお気楽に自動化を推進できないはずだ。

「L（ローカル）の風」は追い風、人あまりから人手不足へ意識転換をはかれ

日本はそれとはまったく逆の状況で、ローカル経済圏からの反発はあまりないから、少子高齢化と人手不足から来るさまざまな社会的課題に対応するために、ＡＩによる自動化やシェアリングエコノミー化をどんどん推進していけばいい。

ところが、政治的にイライラさせられるのは、もう恐れる必要がないものを恐れる人がたくさんいて、規制改革にブレーキをかけようとすることだ。

そういう人は、規制緩和して自動運転技術やライドシェアのウーバー（Uber）を入れると、タクシー業界で失業者が出て大変なことになると言うのだが、たぶん何も起きない。むしろ、高齢者に運転させ続けるほうが不安（じつはタクシー業界でも運転手の高齢化がどんどん進んでいる）だし、介護が必要な高齢者の移動手段は、現状でも明らかに足りていない。実際、最近のタクシー事業者の廃業理由で急増しているのは、運転手を確保できない、あるいは昨今の賃金急上昇に耐えられないことによる「人手不足倒産」である。

あるいは、最低賃金を上げ、同一労働・同一賃金を実現すると、中小企業が潰れて大変なことになると言うのだが、仮に潰れたとしても問題ない。全体として人手が足りなくて困っているわけだから、より生産性の高い企業によって、おそらくはより良い雇用条件ですぐに雇用は吸収されるはずだ。実際、私たちが東北地方で取り組んでいる地方バス会社

の再生・経営においては、まさにこういう現象が起きている。

日本は過去20年ほど雇用が足りないことで苦しんできたから、政治家や経営者、社会のリーダー層の人たちにそういう意識が刷り込まれていて、「(自動化によって)生産性を上げる」ということを、大手を振って口に出せるようになったのは、じつはつい最近のことである。それまでは、「生産性を上げる=リストラ(人を切る)」を意味したので、禁句だったのだ。

「人手不足を解消するためには生産性を上げるしかない」と政治家が口にしても選挙に悪影響が出なくなったのは、おそらく、G(グローバリゼーション)とL(ローカリゼーション)の経済成長戦略について述べ、大きな反響を呼んだ拙著『なぜローカル経済から日本は甦るのか』(2014年)が出版されたあたりからではないか。いずれにしても、ここ数年の話である。

それもあって、日本では誰に遠慮することもなく、AIやIoTやロボティクスのテクノロジーをガンガン入れて、ガンガン生産性を上げていける土壌ができつつある。ローカル経済圏から政治的な突き上げを食らっている欧米先進国では考えられない状況で、ほとんど唯一の存在ではないか。発展途上国では人を使ったほうが安いし、新興国でもまだ自動化に対するニーズはそこまで高くない。世界で唯一、日本だけが国の総意としてAIや

ＩｏＴに積極的にチャレンジできる。だから、チャンスなのだ。

後でより詳しく述べるが、デジタル革命第三期の〝金になる〟展開領域であるリアルでシリアスな産業群では、より早く実用展開し、そこからさまざまなフィードバックを受けることで、ＡＩ自身が強化学習的に進化する。なんせリアルな世界は、事実は小説よりも奇なりで、とにかく関係因子がやたら多く、かつ可変的だからだ。そして、さらにはその先でソフト・ハード統合的なソリューションの質が高まっていくことによって、他社では真似の難しい競争障壁が構築されるパターンが成立する。これはビジネスという意味でも、将来的にグローバルに展開できる大きな可能性を意味している。

世界で吹き荒れているＧ（グローバリズム）からＬ（ローカリズム）への風向きの変化は、今の日本と日本企業にとっては強烈な追い風になりうるのだ。

医療、介護、接客は自動化の効果が絶大

ＡＩによるロボティクスというと、生産現場を思い浮かべる人が多いのだが、じつは、これからロボットによる自動化がいちばん効くのは、製造業ではなく、サービス産業である。製造業はすでに自動化が進んでいるので、ロボットが少し賢くなったくらいでは、生産性はそこまで劇的に向上しない。

しかも、日本国内に限って言えば、サプライチェーンマネジメントも、トヨタのカンバン方式によって稼働率が極めて高くなっている。むしろ稼働率が高すぎて、在庫を持たないことが徹底しているから、震災で一部の部品の供給がストップしただけで、日本全国止まってしまう。要はバッファがないのである。

そう考えると、ドイツの「インダストリー4・0」的なことは、すでに日本国内ではかなり実現しているとも言える。少なくとも系列の中では、もう削るところがないくらいで、そこに生産性向上の余地はほとんどない。繰り返しになるが、「インダストリー4・0」は、トヨタが系列内でやっていることを、欧米のよりオープンな環境でもできますか、という問いなのだ。GEが提唱している「インダストリアル・インターネット」も、実は同じような話である。

たしかに、今までできていなかった国でトヨタのカンバン方式が実現すれば、経済社会全体の生産性向上にはつながるかもしれないが、それがローカル経済圏で生きている人たちの賃金や生活の安定化に資するかというと、あまり関係はない。また個別企業にとっての差別化要因にもおそらくならず、そこで働く人々の賃金上昇にも直結しない。自動車を安く作れるようになって、安く買えるというだけの話なので、今、世界が共通して抱えているローカル経済圏の問題解決には、みんなが期待しているほどの効果はない。

また、ＩｏＴも、単につながるだけで何か画期的な付加価値を生み、生産性を高めるような話にはつながらない。色々と語られる夢物語も、その多くは「確かに便利かもしれないが、そこに金を払う気にはならない」印象をぬぐえない。やはり何かが足りないのである。

むしろ、圧倒的に効果があるのは、対面型、リアル型のサービス産業である。

いちばんわかりやすいのは、医療や介護サービスだ。ＩｏＴ技術を使って遠隔医療がもっと簡単にできるようになれば、いちいち往診しに行かなくてもすむし、介護ロボットが発達していけば、介護士の負担は減るだろう。また、外食産業では、厨房の仕事はかなりの割合で、強化学習されたＡＩによって調理能力を高めたロボティクスに置き換えられる。

交通・運輸サービスや物流サービスも、必ずしもレベル４の完全自動運転まで行かなくても、これらの産業にとって、本当はもっとも重要な生産性指標である「安全性」という観点からは、自動運転技術の発展が生産性を飛躍的に高める可能性は大きい。交通事故の90％は人為的なミスが原因とも言われるのだから。

逆に、接客業務は心理的な駆け引きがあるのと、どうしても非定型的な対応力が問われるので、ロボットにはなかなか難しい部分が残る。ホスピタリティを捨てれば、マクドナルドが一部の店舗で導入したように、タッチパネルで注文を受けるなどして、ファストフードなどでは自動化が進むだろうが、テーブルサービスはホスピタリティが重要なので、そこは多かれ少なかれ今後も人が担っていくだろう。要するに、ヒューマンインターフェイスの部分がいちばん難しいのだ。

では、介護ロボットが高齢者とやりとりするのが難しいかというと、必ずしもそうではない場合もある。たとえば認知症が始まると、ロボット相手のほうがストレスが少ないケースもある。トンチンカンなことを言っても、ロボットはイライラしないから、老人も安心して話しかけることができる。人間の脳は不協和に弱いので、噛《か》み合わない会話が続くとストレスを感じるが、ロボットは気にしないので、むしろ高齢者の相手をするのはＡＩのほうがいいかもしれない。実際に米国Ｘ２ＡＩ社はメンタルヘルスケアをＡＩにやらせようとしているし、日本でもコミュニケーション用のロボットが既に導入されている介護施設もあり、ロボットに自分の本心を話しかける高齢者もいる。要は、ここでも人間が得意なことと、ＡＩや機械が得意なことの相互補完が進み、生産性を著しく向上させるのである。

人間の苦手なところから置き換わるのが「道具」の根本法則

ＡＩの作用の中でも、経済社会的な本格実装という観点、すなわち産業的な活用という観点からは、しょせん人間の苦手なところから置き換わっていく展開になる。

　だから、囲碁で人間が負けることは別に驚くに値しない。囲碁にしても、将棋にしても、限られた空間で、一定かつ明確なルール、すなわち完全条件で勝ち負けを競うゲームである。これはもともとアナログに出来ている人間の脳が得意ではない領域であり、だからこそ個人差、才能差が生まれてゲームとして面白いのである。コンピュータの能力が上がってくれば、人間に勝つのはしょせん時間の問題だったのだ。事の本質としては、その昔、蒸気機関車や自動車が、マラソンで人間に勝ってきたのと変わりない。ディープラーニング技術を活用することで、そのタイミングが予想より早くやってきたことは驚くべきかもしれないが、ＡＩが人間に勝ったこと自体は驚くに値しないし、あえて言えば、この勝利はＡＩ開発者が棋士に勝ったというのが正しい。

　その一方で、ＡＩがいくらすごいと言っても、いまだに渋谷のスクランブル交差点を人にぶつからずに渡ることはできない。おそらく考え込んだまま動かなくなる。小学生ならまず誰にでもできそうなことが、世界最強の棋士に勝てるＡＩにはできない。曖昧さ、揺らぎ、臨機応変、融通無碍《ゆうずうむげ》さがモノをいう領域については、アナログでファジーな人間様の天下なのである。

　ディープラーニングが、大きなブレイクスルーを起こしつつあるのは、従来型ＡＩでは人間が行っていたルール（特徴量）の設定について、ＡＩ自身が自己学習的に有用なルールを探し当てる能力を手にしたからであって、ＡＩがルールベースで物事を「認識」「判断」することについては同じである。だから、ルール（行動パターン）そのものがどんどん変わる、あるいは多様かつ曖昧なルール（色々な行動様式の歩行者）が可変的に出入りする不規則な状況への対応は非常に難しいのだ。ディープラーニングを繰り返してある程度は人間に近づくことができても、人間を超える可能性は小さいように思う。

意思の根源、すなわち「魂」を持たないＡＩはしょせん「道具」

また、ＡＩで東大合格を目指した「東ロボくん」のプロジェクトを断念したのは、ある意味では予想通り、問題文の「意味」を「理解」できないからだ。ＡＩの世界では自然言語解析は一大分野を形成しているが、そもそも私たちにとって意味とは何なのか、理解するとは何なのか、哲学の核心とも言うべき大命題については、おそらく自然科学も、人文科学もいまだ決定的な答えを持ってはいない。

もちろん、翻訳でＡＩを使うときは、どこまで意味理解らしきものに迫れるかというテーマがある。しかし、本当にＡＩが意味を理解しなければいけないかというと、結果的に意味が通じればいいだけで、ある種のパターン認識によって違和感なく通じる訳ができてしまう可能性がある。機械が人間と同じように意味を理解する、さらには意味的な意思を持つということになると、ビッグ・ブラザー（あらゆる人間の活動を監視する存在。ジョージ・オーウェルの小説『１９８４年』に登場する）の世界で、かなりヤバい話になってしまうのだが、そんな世界は、幸か不幸か、なかなか訪れそうにない。

なぜなら現在、ＡＩとして研究されている「知能」とは、ある問題設定を与えられた時にそれを解決するための知的作用であり、問題設定そのものの背景にある生命体としての「意思」は持ちえないからだ。

私たちは意思の源にある人間の心的作用の奥底にあるものを「魂《たましい》」と呼んだりするが、ディープラーニングを含めて今のところのＡＩ研究は「魂」からは程遠いところにいる。だからＡＩは道具という意味で今でも自動車やコンピュータと同じである。

後半でまた詳しく議論するが、道具の歴史は、馬を移動に使い、牛を力仕事に使い、さらには蒸気機関、自動車と、自然界においてか弱い存在の人間が苦手なことを置き換えてきた歴史である。ＡＩも同様で、わざわざ人間の得意な領域、比較優位のある領域を置き換える展開にはならない。そんなことをやっても、まず何より経済的に見合わないので、広く普及することはない。

その意味で、一部の人が心配し、同時に一部の人（後述する日本に多いタイプの

「？？」な人工知能学者も）が夢見ている、人間の脳を丸ごと置き換える汎用ＡＩのようなものも、現実化する可能性はおそらく高くない。そのあまりに遠い道のりに比べ、そこから得られる社会的、経済的なリターンが小さすぎるからだ。

鉄腕アトム・シンドロームの日本のＡＩ研究者のリスク

鉄腕アトムやドラえもんで育った日本人は、困ったときは「ヒト型ロボット」が助けてくれるはずという「鉄腕アトム・シンドローム」にかかっているきらいがある。研究者も、上の世代（＝鉄腕アトム世代）を中心にその傾向が強い。このことは、鉄人28号、ドラえもん、ガンダムと続く我が国のロボット大好き文化（私自身も例外ではない）のベースになっており、大変に結構なことである一方で、今後のＡＩによるロボット革命期においては大きなリスクになる懸念もある。

欧米では、心のあるロボット研究をするのは、宗教的なタブーに触れるおそれもあり、映画などでもヒューマノイド（ヒト型ロボット）というのは、まずは気持ち悪いものとして登場する。映画『ターミネーター』などはその典型だ。だから日本以外でヒト型ロボット開発にここまで熱心な国はあまりないし、ＡＩ開発においても、日本の人工知能学者の多くは人間の脳の真理に迫ることに血道を上げがちである。

しかし、世界の潮流は、ＡＩもロボットも、あくまでも人間の脳や人間自身とは別物の機械として、人間の仕組みを参考にしつつも、あくまでもその機能目的にしたがってより良いものを作ろうというアプローチが主流である。そのほうが、おそらく社会実装的に有効だし早道でもある。

裏返して言えば、ヒト型ロボットや「人間もどき」を作ることに抵抗感のない私たち日本人は、無駄なことをやってしまうリスクもあるのだ。たとえば、ＩＢＭのワトソンは人間的な意味でものを考えているわけではない。基本的にデータベースからの検索マシーンにすぎないのだが、意外とワトソンがものを考えていないということを知らない人が多い。しかし、意味理解の深淵《しんえん》に迫らずとも、実用に耐えるものができるのであれば、結果的にそのほうが早いのだ。この点は、国家レベルでの研究開発資源の配分はもちろん、企業レベルでも十分に認識しておく必要がある。

敗北主義で手前味噌なロートル人工知能学者を跋扈させるな

国主催のあるシンポジウムで、「今の方向性では絶対に欧米に追い付けないから、我が国独自の人間らしい、『笑い』のある、感情や感覚を持った人工知能開発にこそ活路を見出すべきだ」と主張している某国立研究機関のお偉いさんがいた。私には、「なにゆえに、人間のもっとも人間らしい部分を機械で置き換えようなんて、まったくお金の匂いのしないこと、そしてまさに人間性の冒瀆《ぼうとく》、魂の領域への侵害になりかねないことに、国民の税金を大量に投じたがるのか」全く理解できなかった。

もちろん人間の脳の神秘を解明する学術研究は重要であり、それを象牙の塔の中で今まで通り続けていただくのは結構なことだ。しかし今、ディープラーニングをはじめとする現世代のＡＩは、まさに〝死の谷〟を越えて事業化、産業化と学術研究がスパイラル的に同時発展するステージに入っている。そのアプリケーション領域であるリアルでシリアスな産業群で強みを持つ日本や日本企業が考えるべきことは、こんな手前味噌で訳の分からない敗北主義のロートル学者たちに新たな金をばらまくことではなく、日本の経済社会をプラットフォームとして、産学共創的にこのスパイラルを加速することである。

オープンイノベーションとブラックボックス化

ＡＩやＩｏＴを梃子に事業展開するときに、どこまでが協調領域で、どこからが競争領域なのか、この的確な峻別が勝ち負けの大きな鍵となる。どこまでがオープンイノベーションで既存のプラットフォームを利用し、どこから独自技術としてブラックボックス化していくのか。それは、バリューチェーンの出口が、バーチャルなサービスか、リアルなサービスかによって違ってくる。

デジタル革命の第二期までは、バリューチェーンの出口はバーチャルだった。要はスマホアプリで完結する世界であって、それでリアルなモノを動かすわけではない。ネットで情報を集めるのも、ＳＮＳでつながって「いいね！」をし合うのも、ネットゲームを楽しむのも、それ自体はバーチャルな世界であって、現実に物が動いたり、触れたり、食べたりできるものではない。バーチャルで完結する限り、わりと簡単にユーザーインターフェイスが取れるし、それを横展開してユニバーサルに展開することも比較的難しくない。画面さえあれば、ユーザーインターフェイスがとれてしまうからだ。

加えて、用途の多くがカジュアルな遊び領域だったので、多少乱暴でも構わないからとにかくスピーディーにサービスを展開し、利用者数、サービス種目数の両面で拡大して、メガプラットフォーマーになることが競争の勝ち負けを決することになる。こうした中から、グーグル、フェイスブック、アマゾンといった、ユニバーサルなグローバルジャイアントが登場してきた。要は、デジタル革命の進展に伴い、よりオープン化、横断的メガプラットフォーム化を促進する産業的進化過程をたどってきたのである。

ところが、バリューチェーンの出口が自動運転だったり、介護だったり、建機で建物を建てたり鉱山を掘ったりするようなリアルな領域になると、自動車には自動車の、介護には介護の、建設には建設の技術やノウハウがあって、それぞれの分野で共通する技術やノウハウはほとんどない。しかも共通コストがほとんどないから、どうしても個別化するのである。

もう一つは、自動運転でも介護でも建設でも、リアルな産業のバリューチェーンの末端は現場メンテナンスなどのサービスが必要になるため、ローカルな要素が強くなる。その地域にメンテナンスのネットワークがあるか、そこに拠点があるかどうかが競争障壁になるので、ネットワークを持たない会社が後から参入しようと思っても、なかなかうまくいかない。先に地域に根ざした会社がディフェンシブな戦いをすると、それを覆すのは容易ではない。スイッチングコスト（製品切り換えのためのコスト）がタダ同然だったバーチャルの世界とは違うのだ。

最後にもっとも重要な違いとして、本書の冒頭で触れたように、リアルな領域は人の命に関わるシリアスな領域、「Sの世界」でもあり、そうなると乱暴に事業領域を広げてユニバーサルなメガプラットフォーマーを展開することは難しくなる。

このようにデジタル革命第三期においては、相対的に業界ごとに個別化していく、そして今までよりはクローズドな要素も残る、色々な形でブラックボックス化できる産業的進化が進む確率が高い。

最後まで外から持ってこられないのが得意分野

モノが動く以上はメカがあるから、いつかは壊れるわけで、最後は必ずハード系のノウハウ勝負にならざるを得ない。つまり、実地にたくさん経験できるプレイヤーのほうが、ハードウェアテクノロジーの蓄積はできる。そこにクローズドな競争領域を作る余地がある。

自動車と介護ロボットと建機では、ハードとソフトをつなぐアルゴリズムが違ってくるのは当然で、ディープラーニングを使ってＡＩによる自動化を進める場合も、アプリケーションごとにデータセットを蓄積して機械学習を行っていくことになる。

逆に、ディープラーニングの基本技術そのものについては、グーグルのTensorFlowのように、クラウド上に利用可能なライブラリがいくつもあるので、それを使えばいい。ＧＰＳのように、みんなで共通に使えるような発明・発見が出てきたら、それを使えばいいのであって、全部自分で開発しようと考えるのはナンセンスだ。

そういう意味では、自分たちが本当にこの領域で他の人間より賢いのかを冷静、冷徹に見極め、よそのほうが出来がいいなら、それを持ってきて使えばいいという戦いになる。逆に言えば、よそから持ってきた技術を組み合わせ、最後まで残った部分が自分たちの得意分野になるのである。そこは競争領域だから、外から見えなくして徹底的に囲い込む。

たとえば、機械系の自動制御用のＡＩをディープラーニングで開発しようとする場合、もととなるアルゴリズムライブラリよりも、機械学習過程で蓄積されるデータセットがとりあえずの競争上のブラックボックスとなりうるのだ。しかしそれとて他社が同じような「訓練」を重ねれば追いついてくる可能性がある。そこで次の段階では、経験蓄積性の高いハード技術との融合と、マーケットシェアがもたらす実用蓄積からのフィードバック効果で、機器・サービス全体として他社が構造的に追いつけない障壁を作ることが鍵となる。

また、実際に機械を制御するときに、大脳皮質（典型的なクラウドコンピューティング上のＡＩ）で全部コントロールするのか、それとも脳を通さず脊髄反射（典型的にはエッジコンピューティング上のＡＩ）でやったほうがいいのかは、ケースバイケースで一概には言えない。しかし、すべて中央でコントロールするのではなく、末端で分散処理するとなると、半導体レベルでコントロールすることになるため、これまた設計段階からまったく違うものになる。そこにノウハウを封じ込めることができるので、実は、ブラックボックス化できるネタはいくらでもある。そこが競争領域となっていくのだ。

ＡＩを使わない選択肢はないが、それだけで差別化要因になる確率は低い

建機メーカーのコマツが賢いのは、競争領域と協調領域のメリハリをはっきりつけ、かつ産業構造の変化を先取りしている点だ。

ハードウェアのメカニズムの部分、なかでも生産技術で圧倒的なノウハウを持っており、そこが自分たちの唯一無二の強みだと知っているから、コアになる「ダントツ」コンポーネントは国内のマザー工場で徹底的に作り込み、その核心部分は誰にも明かさない。しかし、勘定系業務はもちろん、生産管理でさえ協調領域と位置付け、ＥＲＰ（統合基幹業務システムソフト）の標準ベストプラクティスを徹底的に取り入れる。

その一方で、稼働状況のモニタリングを通じた市場動向の早期把握、盗難対策、販売与信やメンテナンス、さらには無人運転サービスといった、付加的だが、産業のサービス化（≒スマイルカーブ化）が進めば、競争上、決定的な意味を持つサービスについては、自分たちに強みがないことがわかっているから、どんどん外部の技術を取り入れて、自前のハード技術にＧＰＳやＡＩといったデジタル技術を連動させて、サービスを先行的に展開する。

ところが、多くの日本企業の動きを見ていると、口では「オープンイノベーション」と言いながら、またぞろそのためのＡＩをやたら自分たちで開発しようとする傾向が見て取れる。すでに有効な技術があるのだから、それをパクればいいのに、自力で画期的なＡＩを作ると言い出すのは、日本企業の悪い癖だ。おそらくそれに成功したとして、当該ＡＩが「稼ぐ力」に直結する確率は極めて小さい。稼げたとしても他社のＡＩが追いついてくるまでの一瞬である。

ＡＩは今ブームになっているから、ＡＩ自体が差別化要因になると思い込んでいる人が多いが、実は、そんなことはあまりなくて、本当の競争領域は、もとから持っているハードウェアのアナログなノウハウの部分であることが多い。前にも触れたように、ＡＩは、ＥＲＰと似ていて、かなりの部分、みんながベストプラクティスで使い始める可能性があり、それを使わないでいると立ち遅れてしまう。だから、使ったほうがいいのは間違いないが、かといって過度にそこに肩入れして、無理やり自分でＡＩを開発しようとし始めると、時間がかかる割に、できた頃には時代遅れになってしまって、負け戦をすることになる。誰でも使える出来のいいＡＩがすでにあるなら、それを使えばいいだけの話なのだ。

アダム・スミスの「見えざる手」によってＡＩ革命の果実は中小企業や異業種にも

ほとんどの事業者にとって、より純粋にＡＩ的な開発領域、よりソフトウェア的、より数理的な領域は、変動費的なアプローチをとることが正しい。旬の人材、旬のベンチャー、旬の大学研究室と、時空限定的に、しかし本気で組んでお互いに「いいとこどり」をすればいいのである。あのアダム・スミスやリカード（アダム・スミスとともに古典派経済学の祖とされるイギリスの経済学者で「比較優位」概論を提唱）の昔から、自らの比較優位（＝得意技）に集中し、比較劣位は捨てて他人様の比較優位を利用させていただくのは、競争の基本中の基本である。

　そしてこのアプローチは、テーマ設定と企業の本気度が勝負なので、別に超一流有名企業でなくても、トップクラスの才能との共働が可能である。これは私たちＩＧＰＩが、いくつかの開発テーマで実感してきたことでもある。下手なプライドや組織ヒエラルキーが面倒な有名大手メーカーよりも、中堅メーカーや異業種のリクルート社のような組み合わせのほうが、大学研究室、ＩＧＰＩ、そして事業者とのコラボレーションが円滑に進んで具体的な事業的成果が生まれるケースが多い。分野を跨《また》いだイノベーションを起こすには、小さい会社や新参者に比較優位が存在しうるのである。

裏返して言えば、大手の超一流メーカーが、裃《かみしも》を脱いで、本気で外部の若くて異質な才能と協働すれば、非常に大きな成果を上げるポテンシャルがあるのだ。

超優秀なエンジニアに働いてもらうには（人材のシェアリングエコノミー）

そもそもＡＩ関係のエンジニアや、データサイエンティストも、トップレベルになると非常に流動性が高いマーケットだから、特定企業に囲い込むのが難しい。移動のしかたも半端なくて、半年で人の顔ぶれ、勢力図がまったく変わってしまう。たとえば、グーグルの自動運転関係のエンジニアは今、草刈り場になっている。数台の車でいくら走行試験を重ねても、いきなりレベル４の完全運転の実用化にはまだ時間がかかりそうだということで、グーグルが次第にギブアップモードになっているのを、みんな知っているからだ。

優秀なエンジニアを恒久的に囲い込めないということは、特定企業の差別化領域にはなりにくいということだ。だからこそ、そうした技術は、よそから取ってくるほうがいいのだ。人を雇い入れるとしても、ライフタイム×フルタイムで囲い込むことは最初から諦めて、このテーマで5年間やってください、場合によっては副業もOKですよ、という契約にすればいい。人材にもある意味、シェアリングエコノミーの発想が求められているのだ。

AIやフィンテック（Fintech：ファイナンシャルテクノロジーの略）のトップエンジニアやトップデータサイエンティスト、つまりそれぞれの分野で上位100位くらいまでの人たちは、まさに典型的な錦織圭、松山英樹クラスの世界選抜のリーグ戦で、もともとコーポレーションという組織のモデルと相性がよくない。言ってみれば、ピン芸人のスーパースターなのだ。そして誰がそのランクにいるのか、彼らの世界ではお互いに日々のランキングの上下変動を把握している。

それぞれがスーパースターだから、好き嫌いもわりとはっきりしていて、チーム単位で動くことが多い。だから、トヨタの人工知能研究所TRIがギル・プラットを採用すると、彼の仲間がごっそりついてくるのだ。会社に対する忠誠心よりも、グローバルかつオンラインで「あいつはすごい」とお互い認め合ってるような友人関係で物事が決まるところは、ミュージシャンがバンドを組むのと大差ない。そういう世界だから、彼らをずっと特定企業の差別化領域として囲い込むのはすごく難しいのである。

欧米の巨大医薬品メーカーはいかに破壊的イノベーションをしのいだか

アカデミズムの世界では、トップの研究者はみんな知り合いで、どこの大学や研究所に所属しているか、グローバルレベルでお互いに知っている。企業の研究所の機能が大学に取り込まれるようになって、両者の交流が盛んになった結果、アカデミズムのネットワークがそのままビジネスの世界にも滲み出してきた。バイオの世界はいち早くそうなっていたが、その流れに日本の医薬品メーカーが立ち遅れたという歴史がある。

低分子化合物の時代は実験計画法で、化合物を多種大量に作成して、少しずつ条件を変えて動物実験で効くか効かないかを試すなど、力技で開発していたから、新物質発見についても、組織規模の大きな医薬品メーカーのほうが有利だった。ところが、高分子の時代になると、アカデミズムと直結してくるので、トップ研究者サークルの中から画期的な新薬が出てくる。このゲームで米国は勝ったのだ。だから、ジェネンテックやアムジェン、武田薬品工業に買収されたミレニアム・ファーマシューティカルズなど、勢いのあるバイオベンチャーはほとんど米国企業である。ＡＩのコアのアルゴリズムの開発も同様で、人数が多ければ良いというものでもない。ＩＴの開発と同じようにとらえられがちだが、優秀なエンジニアがいれば、少人数、それこそ一人でもできてしまうのだ。

ＡＩでも米国が先行しているのは、圧倒的にアカデミズムの力の差である。要するに、カーネギーメロン大学、MIT（マサチューセッツ工科大学）、スタンフォード大学、カルテック（カリフォルニア工科大学）、カナダのトロント大学と、東大、京大の力の差がそのまま今の差につながっている。もともとのレベルの違いと、大学から産業界への滲み出し力の違いが合わさって、ここまでの差になっているので、もはや企業単位でどうこうできる話ではない。また、個別企業の立場からは、日本のアカデミアに拘《こだわ》っている場合でもない。

ある意味、多くの先端技術領域で、もはや開発競争は、既存の企業単位での競争要因ではなくなっているのだ。経営的な視点からは、こうなってしまった領域の技術開発は、もはや自社固有で固定費を抱えて差別化を狙うべき領域ではなく、世界中の多様な投資機会をポートフォリオ的にとらえ、投資管理する能力を競う世界へと変質している。だとすれば企業体として、かかる産業構造の変化に対応したビジネスモデル、組織モデル、経営モデルへと自らを大きく転換できないと生き残れないということになる。

そういう意味では、欧米の大手新薬メーカーは、こうした破壊的イノベーションの波を、合併を繰り返してメガファーマ化し、臨床実験、認可取得や営業マーケティングなどの川下側をメガプラットフォーマー化することでしたたかにしのいでいった。ジェネンテックにはじまるバイオ創薬革命、そして90年代以降のゲノム創薬革命は、製薬産業におけるデジタル革命だったわけだが、この時代、欧米の大手製薬メーカーは、スマイルカーブの川下側に大きくビジネスモデルのポジションシフトを行うことと、新薬開発についてはオープンイノベーション案件のポートフォリオマネジメント型に主軸を移すことで主役の座を維持したのである。

デジタル革命第三期に入ると、元をただせば医薬品と同じ化学技術を基礎にしながら、今まではデジタル革命の直撃を受けず、どちらかと言うとその恩恵を受ける側にいた化学系の素材産業全般においても、同じような大変革を迫られるかもしれない。

また、医科向け新薬という極めてシリアスなビジネスにおいて、既存のプレイヤーが、長年にわたり世界中で積み上げてきた規制対応ノウハウや医療機関との臨床試験ネットワークを競争基盤として、ベンチャー型のチャレンジャーたちとすみ分けて行った戦略は、今後の自動車産業などでの戦略展開にとっても大いに参考になると思う。

日本の自動車メーカーは生き残れるか

スマイルカーブとは、ある製品のバリューチェーン全体を見たときに、川上（企画・設計・部品）と川下（販売・メンテナンス）側の利幅が厚くなる一方、真ん中の製造工程（組み立て）はほとんど利幅が取れなくなる現象を指す。口角を上げた笑顔の口の形に見えることからそう呼ばれている。

パソコンで典型的に見られるが、川上のCPUを押さえたインテル、川下の顧客との接点を押さえたマイクロソフトに挟まれて、真ん中の製造工程を担っていた日本のパソコンメーカーが軒並み苦境に陥り、撤退を余儀なくされたのが記憶に新しい。

インターネットとモバイルの時代には、川下側で巨大プラットフォーマーになったのがグーグルやアマゾン、アップル、フェイスブック、川上側のコンポーネントレイヤーのチャンピオンがクアルコムやソフトバンクの孫正義さんの巨額買収で話題になったアーム（ARM）である。ごくごく最近では、ディープラーニング研究で多用されているGPU

（画像処理装置）のトップを走っているＮＶＩＤＩＡ（エヌビディア）も、ＡＩ革命フェーズにおけるキーコンポーネントサプライヤーのチャンピオン候補として注目を浴びている。

スマイルカーブで、真ん中の組み立て工程は儲からないから、川上のキーコンポーネント（基幹標準部品）を押さえるか、川下のプラットフォームを押さえるか。前述したコマツは、建機事業のバリューチェーンの中で、キーコンポーネントは国内の外に見せない工場で徹底的に作り込んで、それを海外にある自社組み立て工場に輸出していく。それと同時に、ソリューション型のビジネスモデルで川下のサービスプラットフォームも押さえつつある。付加価値をあまり生まない組み立て工程は、ローカル市場に近い場所において地産地消でいちばん効率的にやるというモデルだ。

モジュラー化が進めば進むほど、組み立て自体は誰でもできるようになるから、スマイルカーブ現象は流れとしては避けられない。川上か、川下へのシフトができなかったメーカーは死ぬしかない。実際、相対的にダメなほうから退場を余儀なくされている状況で、サンヨーしかり、シャープしかりである。

水位がどんどん上がってきているので、自分が水没する前にモデルを転換できないと、そのうちだんだん息苦しくなってくる。完全に追いかけっこで、東芝も首まで水に浸かってきた。まだ日立やパナソニックは余裕があるが、放っておけば、水位が上がっていくから、今、必死に改革を進めている。

モジュラー化の波はパソコンからＡＶ家電、そして自動車へ

もともとローカルで生きてきた企業の多くは、リアルな産業領域で、スマイルカーブの川下側のサービス部分を担っているから、この議論にはあまり関係ない。いちばん狙い撃ちされるのは、典型的なグローバル製造業だ。結局、相対的にモジュラー化が進んでいる産業から撃たれていく。

最初にパソコンがやられて、次にＡＶ家電がやられて、意外に白物家電がまだ頑張っているのは、メカがあるからだ。この先、自動車にも多かれ少なかれこの流れがやってくる。もともとエレクトロニクス化というのはモジュラー化とほぼ同義なので、自動車がエレクトロニクス化していけば、部品のモジュラー化が進んで、カーエレクトロニクスとメカのすり合わせが大事になる。

ところが、エレクトロニクス化がさらに進んで電気自動車や自動運転になると、メカトロニクスも最適化の段階を超えて、かなりの部分が標準部品化されてしまう可能性が出てくる。デジタル化はそれをさらに加速する。そのため、今はエンジンでさえ相互供給が始

まっていて、燃料噴射などは既にボッシュから標準品を買っているし、トヨタのスープラにＢＭＷのエンジンが搭載されるなど、以前なら１００％あり得なかったことが現に起きている。

自動運転技術のキーコンポーネントになる「目」の技術についても、イスラエル生まれのベンチャー企業のモービルアイ社が標準モジュラーサプライヤーとして先行している。同社は供給先の自動車メーカーからデータ（おそらく事故や「ヒヤリハット」状況の画像などのトラブルデータ）のフィードバックを受けて問題解決のアルゴリズムを進化させていくというＩｏＴ×ＡＩのビジネスモデルで、「目」の機能をどんどん進化させている。

自動車メーカーの心臓部に近い駆動系のメカの部分までモジュラー化が進んでいて、しかも、それがＡＩ革命で加速する可能性が高まるなか、この流れはもはや変えられない。そうすると、自動車産業でも多かれ少なかれスマイルカーブ現象が起きることは避けられないのだ。

そうはいっても「熱」「質量」「耐久性」と戦わねばならないメカトロニクスでは、モジュラー化が進んだとしても、モジュールの中にすり合わせ要素が残るので、すり合わせが得意な日本のメーカーが戦う余地はある。とはいえ、モジュール同士の組み立てそのものには価値がなくなるから、どちらかに軸足を移さなければいけないのは、電機メーカーがたどってきた道と同じである。

逆に、モジュラーメーカーにとっては、自動車産業はチャンスになる。電機メーカーが電池事業などに力を入れて自動車メーカーに供給しているのはそのためだ。

二方面作戦のドイツ、日本ならデンソーに期待

国家戦略的には、自動車産業については、モジュールビジネスのチャンピオンになるようなモジュラーメーカーと、従来型の自動車メーカーの延長線上でいくモデルの、両方ともあったほうがいい。ドイツにはどちらもあって、ガンプラを組み立てるような感じで標準品をパッコンパッコン組み立てるスタイルを指向している自動車メーカーとしてはフォルクスワーゲンがいるし、そこに標準モジュールを供給するコンチネンタルとボッシュがいる。一方、従来型のすり合わせ作り込み路線を基本としている自動車メーカーにはダイムラーとＢＭＷがいる。フォルクスワーゲンは文字通り「大衆車」を作るメーカーだから、高級車は作らない。そこは自然とすみ分けができた。

自動運転でドイツメーカーのほうが先行しているのは、フォルクスワーゲンを中心にモジュラー化の進展ペースが早いからだ。コンチネンタルもボッシュも企業規模が大きいので、投資額が半端ない。

ドイツと比べると、日本はモジュラー型の産業モデルが弱い。あえて言えば、軽自動車メーカーがモジュラー型のモノづくりだが、フォルクスワーゲンの敵ではない。部品メーカーも、系列モデルの下請け型の小規模メーカーが多く、再編もほとんど進んでいない。国としては両方持っておきたいところだが、国が介入したからといって、なかなかその通りにはならない。

十数年前までコンチネンタルはただのマイナーなタイヤメーカーにすぎなかった。タイヤメーカーのチャンピオンはブリヂストンとミシュランとグッドイヤー。その間に挟まって立ち位置も微妙なタイヤメーカーだったのが、買収に次ぐ買収で、いつの間にか巨大なモジュラーメーカーになった。ボッシュも昔はオプション用のパーツメーカーにすぎなかった。自動車産業でもじわじわと標準化、モジュール化が進む中で、グローバルメガサプライヤー、「ティア・ワン（一次下請け）」よりも上位概念の「ティア0・5」というポジションを、積極果敢なM&Aも絡ませながら、みずから自動車産業のバリューチェーンの中で確立していったのだ。

だから、本来は、国に言われたからやるというのではなく、民間企業が自力で進化すればいいという話で、私はとりあえず、日本ではデンソーが筆頭候補となるべきだと考えている。デンソーのような会社は仮想敵国としてボッシュやコンチネンタルに照準を合わせ、

100%そちらに戦略軸を移すべきではないか。昔の親会社に気を遣っている場合ではないのである。

前にも述べたように、どっちへ転ぶか分からないのが、革命的なイノベーションの時代だ。従来のトヨタ的な系列作り込み型の産業モデルと、ひと皮ふた皮むけたデンソー(プラスできればデンソー以外の独立系グローバル・ティア0・5候補数社)と標準モジュール組み立て型自動車メーカーによる水平分業型の産業モデルと、両方バランス良く持っておくことが、国民経済的にはもっとも合理的な陣形である。

中国がキャッチアップできるのは当面はドローン止まり?

では、中国のメーカーはこうした進化過程でライバルとなりうるかというと、作り込みモデルの高級車路線、ティア0・5の標準モジュールチャンピオンの世界、いずれもまだしばらく時間がかかるというのが私の見方である。

というのも、たとえばドローンなら、ときどき墜落しても人の上に落ちない限り問題ないが、車は事故を起こすと人命に直結する。求められている個々のパーツの精度や耐久要求のレベルが3桁、4桁違うのである。しかも生産数量がハンパない。最近はAI活用領域を含めてハード・ソフト融合型のコンポーネント化が進んでおり、それこそブラックボックス化も進んでいる。例えば自動運転技術の勝負は、高性能の「網膜」や「鼓膜」を作ることではなく、高性能・高耐久の「目」や「耳」を作ることになっており、その背後にはブラックボックス化されたアルゴリズムやすり合わせノウハウのかたまりが存在している。

これに対抗するレベルに達するには、精度面だけでもかなりハードルが高い。中国にもその水準を満たす工場はあることはあるのだが、自動車部品となると裾野が広いので、クラスター全体の精度を上げるには、まだ時間がかかる。ましてや企業レベルで、中国メーカーがコンポーネント開発力やすり合わせ型生産技術で、ドイツや日本のメーカーに真正面から対抗する戦略をとることに、私はあまり競争上の合理性を感じない。彼らが自らの比較優位、得意技を真に理解しているなら、わざわざそんな迂遠《うえん》な戦略は取らないように思う。

この手のノウハウや技術を蓄積していくには、どちらかというと長期雇用型の組織のほうが強い。そうすると、ドイツや日本の企業体のほうが有利なのだ。米国のＧＭやフォードでさえ長期雇用が中心で、流動性があまり高くないのは、蓄積がものを言う分野だからだ。精度と耐久性を突き詰めると必ず材料技術の所に行き着くのだが、これこそ長年の繊細なノウハウの積み重ねで成り立っていて、今でもこの領域では我が国の研究機関や企業は世界のトップを走っている。

実際、発電所などの重電の世界では、中国のメーカーに発注した結果、苦労しているケースがある。安いがよく壊れてしまうのだ。蓄積がものを言う分野では、日本と台湾、そしてドイツやオランダあたりが競争優位な国である。そう考えると、重電ではドイツのジーメンス、オランダのフィリップス、あとGEあたりが当面のライバルになる。

中国の「紅いシリコンバレー」、深圳あたりのハイテク企業が強いのは、ドローンやVRなどの分野であって、重電や自動車のように耐久要求、安全要求のレベルが桁違いに高い分野はまだ追いつくまでには時間がかかるだろう。逆に、ある程度いいモジュールを買ってきて、組み立てればいいだけの分野については、中国とまともに競い合ってもしかたがない。組み立て技術そのものは、iPhoneやAndroidの組み立てをずっとやってきているわけだから、中国もすでに持っていると考えていい。

スマートフォンは蓋を開ければパーツの組み合わせでしかない。しいて言えば、液晶が少し前まではややイケてる技術だったが、今となっては、そこまでの優位性はない。かつてシャープの経営幹部が言っていたほどには、残念ながら、すごい生産技術ではなかったということだ。

液晶のサイズを大きくするのはたしかに技術的な難易度は高かったかもしれないが、生産技術が競争障壁になり得るかどうかは、一回確立した生産技術の再現性が高いかどうかにかかっている。最初は何十インチの巨大な液晶を作るのが難しくても、量産化が進んで標準的な生産技術のエッセンスが製造装置の側に集積していくと、一回できた生産技術をパクるのは比較的簡単なのだ。

それに対して、メカトロニクスは、見える化しにくいアナログ的なノウハウ要素がたくさん詰まっている。製品を分解したからといって、量産ベースで同じものが作れるわけではないというところが、メカトロニクスの競争障壁になっている。

わかりやすいのはスイスの高級腕時計で、中身を見たいからといって自分で分解すると、二度と同じ状態に戻せない。スイスの職人たちが組まないと、あの精度は出せないのだ。もっと言えば、個々の部品自体にも材料レベルまで遡った職人的ノウハウが詰まっているので、物質組成を解析しても同じ部品は絶対に作れない。しかもこうした匠の技は単なる個人技ではなく、その工房のなかで集合知的に蓄えられ伝承されている。じつは私自身も最近、中国の製造業との関係で、ハイエンドの工作機械の世界において似たような経験をした。メカがパクりにくいというのは、そういう意味である。

第2章

なぜ日本企業が有利なのか

ハードとソフトの融合が焦点に

ＡＩやロボットのテクノロジーは、増え続けるビッグデータを「食べる」（利用する）ことで、劇的な進化を遂げている。今やデータはペタバイト（１ペタバイト＝１０２４テラバイト）の世界である。それがデータとして蓄積され、そのデータを使ってさらにＡＩやロボットの進化が加速される。そういう循環が起きるので、進化のスピードはどんどんハイペースになってくる。

しかし、既に示唆《しさ》してきたように、そうしたデジタル技術、ソフトウェアのアルゴリズムがリアルの世界に滲み出してくると、必ずハードウェア、つまりモノが関わってくる。

基本アルゴリズムは数式の世界なので、たった一人の天才が世界を一変させてしまうことがあるのに対して、ハードウェアの技術は一朝一夕では身につかない、連続的で蓄積的な技術だという特性がある。つまり、グーグルのラリー・ペイジとセルゲイ・ブリン、フェイスブックのマーク・ザッカーバーグのような一握りの天才が世界を変えたという物語が可能だったのは、それがバーチャルな世界の中で完結していたからであって、そこにモノが絡むと、そうは問屋が卸さないということだ。

そして同じアルゴリズムでも、ハードと融合してリアルな世界で使うためのアルゴリズムは、それこそ経験蓄積的ノウハウのかたまりであり、すり合わせ型のソフト技術になる。だから同じソフト系技術でも、この手の技術領域は、後で述べるオープンイノベーションとの関連では、むしろ競争領域として内製化すべき領域となってくる。

「Sの世界」では、「Cの世界」の勝者の遺伝子が致命的欠点に

ＡＩそのものはアルゴリズムであっても、ＡＩが制御するロボットを実用化するには、ハード面の耐久性が求められる。すぐに壊れて使い物にならないのでは困るのだ。

たとえば、パソコンでも、一番壊れやすいのはハードディスクである。物理的に回転するので、摩擦で熱が発生して壊れてしまう。動くモノである以上、やがて壊れるのは宿命で、避けることができないのだ。

従来ハードウェアで解決していた問題をソフトウェアで解決する、ハード的解決をソフト的解決に置き換えるのがデジタル革命だとされてきたが、実は、ハードを酷使する問題解決についてはまだあまり置き換えが進んでいない。たとえば、エンジンを回すために何

千度もの熱を制御しなければならない。重大事故が起きないようにミクロン単位で、百万単位を量産する部品の精度を管理しなければならないとなると、材料レベルの生産技術のところまでさかのぼった、ノウハウのかたまりのような経験技術の蓄積が求められる。その辺の部品を集めてきてただ組み立てればいいモノづくりとは、次元がまったく異なるのである。

要は、第二期までのデジタル革命の主舞台だったバーチャルでサイバーでの「C（カジュアル）な世界」では、ソフトへの置き換えでかなり多くの問題を解決できた。しかしこれからのリアルでフィジカルな「S（シリアス）の世界」では、そうは問屋が卸さない。「Cの世界」では、ダメもとで作ったバグ抜きも不十分なソフトでアプリサービスを展開しても致命的な問題は起きなかったが、「Sの世界」ではそんなことをやると人の命に関わってしまう。下手をすると「ワンストライクアウト」、レッドカードの一発退場である。

ＡＩやロボット、ＩｏＴ時代のモノづくりでは、どこまでをソフトが解決し、どの部分をハードで解決するか、両者をどう連動させるかという、ある種のすり合わせが発生する。このハード的解決については、グーグルやフェイスブックが生きてきた「Cの世界」とはまったく違う論理で動いているので、デジタル革命の第二段階の主役だったプレイヤーが、この勝負をものにするとは限らない。まさにモノの復権で、両方がそろわないと、効果的かつ社会的に受容可能なソリューションを提供できないのだ。

こうなってくると今までの「Cの世界」の勝者たちの組織遺伝子、すなわち拙速で、いい加減で、どんどん新しい商品やサービス（その多くは未完成）を市場投入しながら、高速でPDCAを回してファインチューニングしていく組織能力、愉快でお気楽な組織文化は、この「Sの世界」では大きな劣位要因になる可能性が出てくる。前述のような一発レッドカードな事態を引き起こすか、それを回避するための慎重なテストや時間を要する技術的積み上げや格段に厳格で複雑な規制対応に組織構成員が耐えられない、まどろっこしさを我慢できない可能性が高いからだ。

クローズドな組織に吹く「Sの風」をどうつかむか

ハードウェア技術に関しては、どちらかというと、クローズド型組織のほうが有利である。連続的で、かつ集合知的な技術なので、比較的同質な集団が長期間にわたって連続的に働いている職場のほうが蓄積しやすい。これは開発技術、生産技術のいずれも当てはまる。そういう特性があるので、日本の機械系メーカーや自動車メーカー、材料系メーカーなどには十分勝機がある。

逆に、産業構造の変化に対応して、すでにソフト的解決に完全にシフトした産業では、ハード的技術の蓄積力が弱い。米国のメーカーは、もはや最後の組み立て工程しかできなくなっているのではないか。あるいは完全にファブレス化して、このレベルで要求される生産技術力を持っていないのではないか。たとえば、航空機メーカーのボーイングがやっているのも組み立てだけだ。すり合わせ的な要素はすでに個々のコンポーネント（部品）の中に閉じ込められているから、技術的蓄積はむしろ部品を提供している日本やヨーロッパの一部の産業クラスターの中にこそ残っている。

ハイブリッド経営システムを構築せよ

第二期までのデジタル革命における日本企業の敗因は、ソフトウェアの部分までハード的すり合わせのノリでやってきたことにある。

例えば、組み込みソフトの世界では、本当は顧客から見た製品の付加価値の大きな部分がハードからソフトに移っているのに、ソフトは元請けメーカーの社内においても、外注構造においても、下請け中の下請け的な位置づけにされ、結果的に過剰な特別仕様化、過剰な作り込みを強いられ、まともな産業として独立した地位を築くことが出来なかった。スマートフォン向けのCPUにおいて、イギリスの回路デザイン（＝ソフト系技術）のアーム社が圧倒的な地位を築いているのとは対照的である。結局、日本の組み込みソフト事業者たちは不当に低い地位に甘んじ続け、かつ元請け企業であるエレクトロニクス産業全体もその競争力を失っていったのである。

自動車のマイコンで圧倒的なシェアを持っていたルネサス テクノロジ社が長きにわた

って低収益構造から脱却できなかった一因も、同じようなところにある。要は、ソフト系技術は、ここでも基本的に作り込み型モノづくりの連鎖の末端下請け的な位置づけなのだ。これは、下手をすると自動車産業でも、エレクトロニクス産業と同じ悲劇を繰り返す懸念材料の一つなのだ。

また、日本企業は基幹業務システムの領域でも、ＥＲＰシステムを独自仕様でつくり込んでしまったがために、完全にガラパゴス化して、今や陳腐化したレガシーシステムの負の遺産に苦しんでいる。

本来ならソフトウェアアルゴリズムはどこかの企業がデファクトスタンダード（業界標準）を作ったら、それを使えばいいのであって、多少使い勝手が悪くても、自社のシステムをそちらに合わせておけば、更新もメンテナンスも自社で負担することなく、容易に行えるはずだった。ソフト的解決は、ベストプラクティスが組み込まれた業界標準や、世界のどこかで天才プログラマーが創造したブレイクスルーの果実を、臨機応変、自由に取り込むオープンイノベーションのほうが相性の良い分野なのである。

ＡＩ、ＩｏＴのデジタル革命第三期は、オープンで不連続なイノベーションの世界（ソフトウェア）と、クローズドで連続的・蓄積的なイノベーション（ハードウェア）をどうすればうまくインテグレート（統合）できるかというゲームに変わる。

オープンシステムとクローズドシステムの統合

最近の経営上のバズワードの一つが、「オープン&クローズド戦略」である。言葉にしてしまえば、デジタル革命第三期で求められる戦略行動は、確かに色々な意味でオープンな経営資源とクローズドな経営資源を統合することである。しかし、これを持続的、システマティックに行うことは、経営論的にそう簡単なことではない。会社のかたち、組織のあり方、働き方などの根幹的な部分で、オープンシステムとクローズドシステムが持続的に共存するハイブリッドな経営システムを確立する必要があるからだ。私は、「戦略」という言葉を当てるのさえ、軽すぎると思っている。

オープンな技術は、自社開発にこだわらず、よりよいものを外部から調達すると割り切ってしまえば、誰でも簡単に手に入る。そもそも米国では、もはやSIer（システムインテグレーター）という業態自体がほぼなく、クラウド・アプリベースが基本であり、足らない部分のみ自社でライトに開発している。日本では、未だにSIerに依存し、独自システムの維持のために毎年多額のメンテナンス料を支払い、改修に膨大な労力・コスト・時間を要している。逆に、クローズドな技術は、会社ごと買収でもしない限り手に入らない。つまり、日本企業のほうが、そうした簡単には手に入らない技術を持っているわけで、だからこそ、潜在的にはグーグルやアップルにも第三期の革命への参加資格があるといっても、決して勝利が確約されているわけではないのである。

そうなると、今、日本企業に問われているのは、割り切れるかどうか、(捨てるべきものを)捨てられるかどうか、そう、日本企業が伝統的にもっとも苦手としてきた「捨てる」経営ができるかどうかなのである。

よそから持ってくれば済むものは、自社開発をやめて外部から調達すると割り切れるかどうか。買収したり、ライセンスを買ってきたり、人材を引き抜いたり、そうした技術を取り込むやり方は様々だ。

先ほど述べたように、ソフトウェアアルゴリズムの世界では、一人の天才の能力に負う部分が大きいので、人材はどうしてもオープンで流動化する。一部の優秀な人にとっては、特定の企業のためだけに自分の才能を使う合理性がないからだ。

だから、たとえば、面白いアルゴリズムを思いついて、それがたまたま音楽産業向けだったら、テック系の会社から音楽系の会社に移ってしまったほうが結果を出しやすい。だが、一年くらいそちらに集中していても、次の面白い課題を思いついたら、また別の会社に移っていく。優秀な人ほど飽きっぽく、思いつきでいろいろなことを始めてしまうので、日本的なフルタイムで終身雇用という働き方とは相性が悪いのだ。

要は、天才ミュージシャン、天才クリエイターといわれる中田ヤスタカが、どこかの会社に終身雇用で雇われるという想像が成り立たないのと同じである。音楽プロデュースから作詞・作曲、アーティスト活動まで、マルチな才能で何でもできてしまう中田ヤスタカのような人は、一つのところにとどまることを知らない。好きなことをやっていたら、それがあるときはリオ・オリンピック閉会式の「トーキョーショー」で使われ、あるときはPerfumeやきゃりーぱみゅぱみゅのプロデュースとなったというだけのことである。

そういう才能を、日本的な「カイシャ」という極端にクローズドな世界に囲い込めるかというと、無理がある。日本企業の組織体系そのものを相当オープンにしていかないと、そういう才能は集まってきてくれない。

外部の技術やサービスを取り込む場合も同様で、まずは受け入れ側が変わらないと、すり合わせのしようがないのである。従来、クローズドな体制でやってきた日本企業にとっては、かなりハードルの高いチャレンジになるが、うまくやれば、競争力が一気に高まる可能性がある。

「自前主義」との戦いは人間本性との戦い

何度も取り上げているコマツがいい例で、コムトラックスはロシアのベンチャーの技術をベースにしているし、チリの鉱山などで稼働している自動運転ダンプカーや、現場の地形を測定するドローンも米国のベンチャーの技術を取り入れている。

コマツはおそらく、ソフトウェアやアルゴリズム世界には自社固有の優位性がないとわかっているから、どんどん外部から買ってくればいいと考えているのではないか。そういう割り切りが日本企業に求められているのである。

ところが、外部から技術を買ってこようとすると、必ず社内で反対する人間が出てくる。「うちの中にもっとすごい技術があるのに、なんでわざわざ出来の悪い技術をよそから買ってくるのか」などと騒ぎ出して、結局それが原因で、技術導入や買収のタイミングを逸してしまうのだ。

有名なのは、ソニーが、携帯音楽プレイヤーのiPodが出る前にアップルを買収するチャンス（スティーブ・ジョブズからの大規模な出資要請）があったのに、それを逃したという話である。もし、あの時点でソニーがアップルを買収して、スティーブ・ジョブズに好きなようにやらせておいたら、今頃は連結決算で、ソニーは時価総額世界一になっていたかもしれないのだ。しかし、ソニーにはウォークマンがあり、またアップルを買収しても技術的に得るものがないという技術部門からの反対で、この話は実現しなかったと聞いている。

M&Aがうまくいかないのは、買収した企業に対する社内の反発ややっかみを抑えきれず、自分たちと同じ土俵に乗せようとするからだ。もともとオープンで自由な文化が競争力を支えていたのに、親会社の流儀を無理に押し通せば、ベンチャー特有の熱気が失われ、面白いことがやりたくて集まっていた人材の流出に歯止めがかからなくなる。買収しても口を出さず、そのまま彼らのやりたいようにやらせたほうが、結局はうまくいくはずなのだ。

それができないのは、自分たちのクローズドな組織体制とその中での生き方、働き方を変えられないからだ。オープン型にすると割り切ってしまえば、たまたま資本関係があるだけで、買収した会社が何をやっていても別にかまわないはずなのに、「あそこのやっていることは、うちの技術より劣っている」とわざわざご注進する人間が出てくる。「悔しかったら、もっといい対抗品を作ってみろよ」と言えば済む話なのに、どうしても社内の調和を優先して、競争を避けようとする力学が働きがちだ。これはムラ社会の先住民の自己保身本能とも言える反応なので、この手の「自前主義」の呪縛はそう簡単に乗り越えられるものではない。まさに人間の本性との戦いである。

トップの関与が成否を分ける

クローズドな組織文化の弊害を乗り越えるには、経営陣がいい意味で割り切って、トップダウンでオープン領域とクローズド領域の間をさばくことだ。さばけていないと、現場で頑張って同じような技術を開発している人間がいた場合、どうしても情にほだされて、そちらを優先したくなる。

「なぜ自分たちではダメなんですか」という陣情も耳に入ってくるし、「全然ダメですよ」と買収先の技術をボロクソに言う人間が必ず出てくるのだ。そういう人は対抗心むき出しで、相手の欠点にばかり目が行くから、テック系のベンチャーを買収したり、社外から技術を導入したりするときは、絶対に同じような技術を開発している部門に評価させてはダメだ。いくらその技術に詳しくても、最初から目が曇っている連中に正しい評価は下せない。

だから、第三者を使って評価するか、トップ自ら直感で決めるしかない。

そして、いったん決めて買収したら、あとはできるだけ干渉しないこと。報酬面も含めて、治外法権の社内特区扱いにして、同じ土俵に乗せないことだ。トヨタの人工知能研究所ＴＲＩもおそらくそうなっているはずである。

向こうのテック系ベンチャーに日本式の整理整頓を強要するな

社内のやっかみを生まないために、特区は海外にあったほうが安全だ。近くにあると、どうしても自分たちの処遇と比較してしまう。ただし、海の向こうに特区を作ったときに、まったく放任というわけにもいかないから、必要最小限の的確なガバナンスを利かせることができるかというマネジメントの問題が出てくる。間に中間管理職のサラリーマンが入ってくると、ろくなことがないので、できるだけトップ直轄でやる必要がある。

テック系のベンチャーは、それこそヒッピー文化の伝統で、時間通りに出社しないし、服装もルーズ。日本の真面目なサラリーマンからすると、どうしてもいい加減でだらしなく見える。だからつい整理・整頓・清掃・清潔・しつけの5Sが大事などと言い出すのだが、それで向こうはしらけてしまって、みんな辞めてしまう。そういう人たちに対するマネジメントのケイパビリティ（組織が持つ強み）が低いので、誰かを連れてきてやらせるか、できる人を育てるしかない。

大学のサークルのノリで、いい加減にやっている人たちをきちんとマネージして、決定的に変なことが起きないようにする勘所《かんどころ》というのがあるはずなので、そこをどうやって鍛えるか。ベンチャーキャピタリストがベンチャーのガバナンスを見るのと同じように、その部分のケイパビリティのレベルをいかに上げるかというのは、日本企業にとってかなりのチャレンジになる。少なくとも生真面目で、集団主義で、まわりの空気を一生懸命読んで行儀よく立ち振る舞うことを何十年にわたり叩き込まれてきた、典型的な日本型エリートサラリーマンの管理職に適性があるとは思えない。

「持ち帰って検討します」は禁句

買収先や提携先を選ぶときも、トップが自ら頻繁に現地に足を運び、実際に見て回ることが大事だ。選んでいるのは買う側だけではなく、買われる側も相手を見ているので、こいつと組んだほうが得だと思われなければ、そもそも売ってくれない。技術的に優れているベンチャーほど買い手はたくさんいるので、「持ち帰って検討します」を繰り返すかったるい相手に売りたくないと思うのは当然だ。

先方からすれば、自分のカウンターパート（交渉相手）が最終意思決定権者か、少なくとも決定権を持つトップにすぐに確認がとれる相手であることがポイントで、中間に何人も挟まって、最終的な返事がいつになるかもわからないような相手なら、はじめから会う必要がない。要は、その場で電話一本で社長の判断を仰げる人でなければ、交渉している意味がないということだ。

ソフトウェアアルゴリズムの世界はスピード勝負なので、いかに高速に失敗できるかにかかっている。できるだけ速く、大量に失敗を積み重ねて、バグを潰していくのが生命線だから、さっさとやらせてもらえないと、先へ進めないのだ。ところが、失敗コストが非常に大きいハードウェア開発の思想を押しつけ、毎回「そのやり方では失敗するのでは？」と疑問を投げかけられ、「失敗するのが前提というのはいかがなものか？」と文句をつけられると、開発そのものがストップしてしまう。だから、日本企業は敬遠されてしまうのだ。

この話を突き詰めていくと、どうしても会社のあり方、組織のあり方そのものを見直さざるを得なくなる。稟議書《りんぎしょ》に課長、部長がいくつもハンコを押さないと動かない組織では対応できないからだ。ハンコは社長と担当者の二つだけで十分で、他の人が「自分は聞いていない」「あいつはその任にない」などと後から文句をつけるのはご法度《はっと》にする。担当者に任せて送り出すようにしないと間に合わないのだ。

モノづくり日本にチャンスあり

ハードウェア型遺伝子の会社が、ソフトウェア型遺伝子の会社を買収して、いかに共存するか。

本来なら、同じグループなのだから、勝手にやらせて、最終的に生き残ったほうの技術を採用すればいいのだ。レッセフェール（なすに任せよ）でランダムに競わせたほうが、結局は強い商品が残ることになる。

ハードウェアの世界は集団の力学で、計画経済的・予定調和的にやったほうがうまくいったのだが、ソフトウェア・アルゴリズムの世界は、出発点が個の能力に負っている部分が大きいので、予定不調和で、突然変異を生むような環境のほうが結果が出やすい。この二つの世界をどうやってマネジメントするかというのが、今、日本企業に突きつけられた課題である。

しかし、状況はどこも似たようなもので、シリコンバレー系のベンチャーがハードウェアの会社と組むときは、必ずこうした軋轢《あつれき》にぶつかることになる。たとえば、アップル以降、設計やデザインは米国で、製造は中国や台湾のＥＭＳ（電子機器の受託生産）という組み合わせが広がったが、実は、中国のビジネスパーソンは米国のビジネスパーソンと行動様式がよく似ているので、同じ仕事をより安い賃金でやってくれる人を求めているうちはいいが、より高度な戦略的共働作業を行おうとすると補完関係が築きにくい。

アメリカのトップＡＩ研究者がトヨタへ電撃移籍

どちらもよく言えば個人主義、悪く言えば自分勝手で、ごく短期間で区切って貢献と成果を評価するのがフェアなやり方だと思っているので、長期的な貢献と成果を重視する日本企業のやり方とは根本的に違う。だから、シリコンバレーのソフト会社がハード的解決を中国企業に振っても、似た者同士で相互補完的にはなりにくい。むしろ、日本企業のほうが相互補完性は高いと言える。

日本企業でよくある「将来にわたって君の面倒を見てあげるから、今は我慢しなさい」という理屈は、競争が激しく、フェアネスを規定している時間軸が短い米国人や中国人には通用しない。「10年後にどんな約束ができるのか？　あなたも私もクビになっているかもしれないし、会社があるかどうかもわからない。どこかに買収されているかもしれない。

文化大革命のような政変が起きるかもしれないのに、そんな先の約束は信じられない」と言われて終わりだ。

第二期デジタル革命で日本企業がボコボコにされたのは、そのせいでもあるのだが、ソフトとハードのすり合わせが必要なフェーズに入ってきて、今、日本企業に対する注目度が高まっている。

DARPA（米国防高等研究計画局）のスーパースター・プログラムマネジャーで、米国の至宝とも言われるギル・プラットがトヨタ（TRI）に来たのはそのためだ。下馬評的には、彼がDARPAの任期を終えたら、グーグルロボットに行くとみんな思っていた。ところが、彼が選んだのはトヨタだった。もしかしたら、トヨタではなくても、他のハードウェアメーカーが声をかけても来たかもしれない。

米国のロボット技術のコアはアルゴリズム系で、ハードウェアの部分は弱い。ロボットを実用化するには、ソフト的解決とハード的解決のすり合わせ、デュアル・インテグレーテッド・ソリューションが不可欠だということがわかってくると、自分たちにない技術がほしい。そうなると、彼らの目には、日本企業のきわめて洗練され、かつ実用的でロバスト（頑健）なハードウェアテクノロジーが魅力的に映る。そこにアクセスしたくなるというのは自然な流れだ。

たとえば、グーグル傘下のロボットベンチャー「ボストン・ダイナミクス（Boston Dynamics）」の四足歩行ロボットは、DARPA主催のロボコン向けに開発されている。つまり、作ることはできるのだが、そのままでは実用に耐えない。耐久性や連続運転時間など色々な課題があるからだ。コンテストの裏側では、必死で直して動かしている。ギリギリのチューニングでなんとか動いており、米軍も「ノイズがうるさすぎる」とコメントしていた。実用化にはほど遠いのだ。だから、2016年に売却のウワサまで流れている。

ホンダのASIMO（アシモ）の時代がいよいよやってくる？

世界の熱い視線が注がれているという点では、もう一つの我が国、自動車産業の雄であるホンダも同様だ。ホンダは世界初の本格的な二足歩行ロボットASIMO（アシモ）を2000年に世に送り出している。まさにハードとソフトの統合技術の粋を極めた堅牢な製品をとっくの昔に開発していたのである。

その後もASIMOは着々と進化を続けてきたが、ある意味、先を行き過ぎた感のあるASIMOに、ここに来て世の中が追いついてきたとも言える状況が生まれている。AI革命の時代、ホンダのロボット技術が商業ベースで一気に大きく開花する可能性が高まっているのだ。2017年1月に米国ラスベガスで開催されたCES 2017でホンダは

「倒れないバイク」である『ライディングアシスト』を発表した。これはホンダが培ってきたバランス制御技術を二輪車に応用したもので、人間がバイクに乗っていてもいなくても、バイクが自立するということで大きな注目を集めた。ここにもホンダならではのハードとソフトの統合技術が活きているのである。

ホンダは2016年に「Ｈｏｎｄａイノベーションラボ Ｔｏｋｙｏ」を東京のど真ん中、赤坂に設立することを発表した。この研究機関はグローバルにトップティア（超一流）の人材を集め、自動運転、コネクティビティ、ロボティクスといった領域をフランクフルト、シリコンバレー、コロンバスといった海外オフィスとも連携しながら研究していくとのことである。Ｈｏｎｄａイノベーションラボ Ｔｏｋｙｏには、チューリング賞を受賞し「エキスパートシステムの父」とも呼ばれるエドワード・ファイゲンバウム博士と私もアドバイザーに就任する。

酷使されても壊れない

実用化するには、繰り返しの使用に耐えるだけの耐久性が必要だ。さまざまな環境で繰り返し使用され、しかも必ずしも仕様書通りではない使われ方をしてもすぐには壊れないように作り込む必要がある。自動車は多少無茶な運転をしても壊れない。下手な壊れ方をしたら、それも人命に関わる壊れ方をしたら天文学的な金額の損害賠償を請求されるので、そのあたりの作り込みは一発勝負のロボコン向け開発とは訳が違う。要求水準がまったく異なることに、意外とみんな気づいていない。

ソフトバンクの「ペッパー（Pepper）」のように話しているだけでほとんど動かないロボットに関しては、そうした問題は発生しない。しかし、デジタル技術が本当にリアルに滲み出してくると、物理的な負荷に対する耐久性が最大のチャレンジになってくる。

医療・介護・重労働向けロボットスーツ「ハル（HAL）」で知られる筑波大学発のロボットベンチャー「サイバーダイン（CYBERDYNE）」が典型だが、医療・介護向けロボットで問題となるのは、連続使用に対する耐久性だ。実際の人間は変な動き方をするし、想定外の負荷がかかることがある。勝手に動いて人を傷つけてもいけないし、緊急事態に対応できるメンテナンス態勢を整えなければ、なかなか普及しないという問題がある。

それは、日本の医療機器メーカーの弱点とも重なる。

最新の手術型ロボットを海外展開するときに、ライバルのGEやジーメンス、フィリップスはすでにメンテナンスサービスを持っているが、日本の後発メーカーは、そこまでのメンテナンス網を持っていない。だから、たとえばベトナムで医療ニーズが高まっているとしても、すでに拠点を持っているタイからの出張になってしまう。それだけの顧客ベースがないからしかたがないのだが、ベトナムの病院にしてみれば、人の生死が関わっているので、すぐに修理に来てもらわないと困る。だから、たとえ機能的に優れていても、日本のメーカーは選ばれにくい状況だ。

自動運転でも、アルゴリズムで解決できる部分については、グーグルが先行したとしても、耐久性や事故対策が視野に入ってきた途端、なんとなく行き詰まり感が出てきて、自分たちのやり方だけでは乗り越えられない壁にぶつかってしまう。だから、アップルが自動運転から撤退モードだという報道もあった。自分たちには向いていないということが、やっとわかってきたのではないか。

「IT系ベンチャー」が電気自動車版のCVCCエンジンを開発できるか？

アップルはiPhoneやMacを作っているとはいえ、自動車とは使用環境の過酷度がまったく違う。同じモーターを回すといっても、自動車用のモーターは非常に高回転で高トルクでありながら、ボンネットの決して大きくないスペースに納める必要があり、難易度の意味合いが根本的に異なり、かつ要求レベルは桁違いに高い。モーターはトルクとサイズ（モーター自身と電池の両方）がだいたい比例する関係にあって、コンパクトに抑えつつトルクを出すというのは、本来矛盾することを同時に追求することになるため、ノウハウ化しやすい。モーターの本質は昔から変わらないので、とりたててイノベーションが起きているわけではないが、長年かけてコイルの巻き方や素材などをコツコツ工夫して高出力のモーターをダウンサイジングしてきたわけで、それこそ日本企業の得意分野だ。

かつてホンダのCVCCエンジンが、画期的な省エネ、環境エンジンとして、クリア困難とされた米国の環境規制、マスキー法をクリアし、世界の自動車産業に衝撃を与えた。これがホンダが世界の四輪自動車メーカーに飛躍する大きな契機となった。同じような奇跡を自動車用モーターの世界でIT系のぽっと出のベンチャーが起こす可能性はどれくらいあるだろうか。私は従来のITの世界とは桁違いの安全性、耐久性、信頼性が求められる自動車の世界、しかもモーターのようなメカの世界では、ジョブズのような天才カリスマリーダーがいても、組織として「モノづくり技術」の蓄積のないベンチャー企業が「CVCCの奇跡」を起こして一気に天下を取る可能性は極めて小さいと思う。

ソフトウェアにしても、スマホだったら許されるバグが、自動車の場合は人命に関わる重大事故につながる可能性がある。半導体の過酷環境における誤作動の問題なども含め、とにかくあらゆる問題の深刻度が違うのだ。そう、自動車の世界、リアルモビリティーの世界は、「Sの風」がかなり強く吹いている事業領域だ。アップルのような「Cの風」をつかむのが得意な遺伝子を持っている企業とは相性が悪いのである。少なくとも「IT系ベンチャー」との比較においては、ホンダ自身の方が電気自動車版のＣＶＣＣエンジンを開発できる確率は高い。

「Ｓの世界」のビジネスの流儀、自動運転はどう進むか

自動運転の実用化を巡っては、現在、二つのアプローチが存在している。

一つは既存の自動車の安全装置、すなわち「事故防止・事故回避技術」として、自動ブレーキや自動ハンドルなどのレベルを上げ、交通事故の90％を占めると言われる人的ミスによる事故を減少させながら、自動運転の技術水準を「レベル２（システムがドライバーの運転を補助する）」、「レベル３（ドライバーは緊急時のみ運転する）」と次第に上げていき、結果的に可能であれば「レベル４（完全自動運転。ドライバーのいない無人運転も含む）」に近づけていくアプローチだ。「連続的アプローチ」と呼んでもいいだろう。トヨタやダイムラーをはじめ、主要な自動車メーカーはこのアプローチを取っている。

もう一つは、グーグルなどのネット系企業や、日本国内でも一部のベンチャー企業が挑戦している、いきなりレベル４の完全自動運転を目指すアプローチだ。こちらは「不連続アプローチ」ということになる。

現実論として、どちらが主流になり、どちらがより早く自動運転技術の実用水準を高め

られるのだろうか。

結論を言うと、私は一般公道での自動車の運転という、色々な意味で人の命がリアルに関わる超シリアスな世界、「Sの世界」の極致の領域では、おそらく連続的アプローチに軍配が上がると考えている。

連続的アプローチは「安全度の向上」を前面に立てているので、技術力の向上は「死亡事故の減少」という、誰もが称賛する成果として消費者、さらには社会に対してアピールしながら開発を進められる。既存の自動車メーカーが開発し、販売した車は、世界中を何千万台のオーダーで走っているので、そこから膨大な量のデータフィードバックも働く。グーグルが数台の実験車で恐る恐るデータを取る世界とは桁がまったく違う。そして後述するようなハード技術も絡めた複合的、蓄積的な技術もどんどん投入されていく。なんせ自動車産業は巨大なので、そこで投じられる叡智の量は半端ではない。要は、連続的アプローチ陣営は、色々な意味で順風を受けて開発を進められるのである。

これに対し、不連続アプローチは「利便性の向上」や「人手不足の解消」という、人命と比べると軽い大義名分で技術開発を進めることになる。一般公道上の完全自動運転という、社会的にはまったく受容されていないサービスモデルをいきなり狙っているために、実験段階から安全性（≒人命）とのトレードオフという極めて困難な問題に対峙する。仮に公道実験中に飛び出した歩行者をはねて死なせてしまった場合、歩行者側の過失が大きかったとしてもただでは済まないはずだ。

連続的アプローチを取っている側、すなわち通常の手動運転車に事故防止・事故回避のための自動運転技術を付加していく世界においても、当然ながらまだまだ死亡事故はゼロにはならないが、それは「許された危険」として社会的に容認されている。しかし、完全自動運転による事故は、たった一人の死亡事故でも社会的には容認されないだろう。これが「Sの世界」のビジネスなのである。

また、技術的にも、AIがスクランブル交差点を渡れるようになる見込みがなかなか立たないことから分かるように、自動運転技術が非常に高度化しても、我が国の大都市部に多い、歩車分離されていない狭い道路を歩行者がランダムに歩き回る雑踏状況、例えば下北沢や自由が丘のような場所を完全自動運転で乗り切るハードルは極めて高い。

不連続アプローチを取っているベンチャーの多くが目指している完全自動運転タクシーは、社会的にも、技術的にも、もっとも難しいことに挑戦していると言わざるを得ないのだ。不連続アプローチが機能するとすれば、歩車分離がしっかりしている、例えば地方のBRT（バス高速輸送システム）的なオペレーションにおける無人運転のようなケース、あるいは過疎地の高齢者のための低速自動運転サービスのようなケースに当面は限定されるだろう。そして、一般公道での完全自動運転を目指す開発プロジェクトは、次第に連続的アプローチを進めている陣営、すなわち既存の大手自動車メーカーや大手コンポーネントメーカーの動きに吸収、統合されていく可能性が高い（実際、グーグルを含めて既にその方向に舵が切られつつある）。

不連続型アプローチに挑戦しているプレイヤーの多くは「Cの世界」の文化を持つプレイヤーだが、自動運転の世界では「Cの世界」の流儀はなかなか通用しない。彼らは完全自動運転開発の趣意書に「安全性を担保しつつ」という表現を使うが、「Sの世界」のビジネスの流儀でことを進めるなら、何よりも第一に「安全性を高めるために」自動運転化を進めると書くはずである。

ＩＧＰＩ傘下のみちのりホールディングスは、東北地方や関東地方で約２０００台のバス、そして鉄道、モノレールが、日々10万人の顧客の命を預かって安全運行する、まさにシリアスビジネスを営んでいる。だから私たちも肌感覚として痛感しているが、人の命を乗せて歩行者や自転車や他の車がいるところを高速移動するということは、それ自体、重大な社会的責任とリスクを背負っているのだ。

自動運転実現へのリアルな道筋はこれだ！

このように自らバスやタクシーなどの公共交通機関を経営し、かつＡＩ技術開発に直接関わり、さらには自動車メーカーや部品メーカーあるいは自動運転政策立案者の皆さんとも多くの仕事を一緒に進めている立場から見た、現時点での自動運転実現へのもっとも効率的かつリアルな道筋は以下の通りである。

安全な環境条件が前提となる不連続アプローチのレベル４実験だけでは、そこで集められるデータバリエーション、テストできる道路交通状況のバリエーションが極めて限られるので、おそらく自動運転技術の劇的な技術進化はあまり期待できない。特に完全自動運転実現の最大の技術課題となる事故予防・事故回避技術の進化上は極めて不利なのだ。他方で、手動運転車においては、レベル２の世界で、運転支援装置としてドライブレコーダーやカメラ連動型の自動ブレーキなどが普及していき、大量のヒヤリハット画像データ、事故画像データの蓄積と解析が行われていくことになる。そこから開発されたより高度な安全運転技術としての自動運転技術が実装されてパフォーマンスが検証されていく。要するにレベル２でのＰＤＣＡの回転が今後ますます加速していくのである。

他方、レベル４（いきなり完全自動運転）については、当初は事故リスク負荷の低いＢＲＴ（バス高速輸送システム）的なセットアップでの完全自動運転から運用を始め、並行して（おそらく急速に）進んでいくレベル2環境での技術進化をフィードバックしながら、次第に適用範囲の拡大を進めていくという展開になるだろう。

となると、レベル4の実証運用を行い、徐々にその運用領域を広げていく役割を担う公共交通事業者と、レベル2の広範な実用領域で技術進化をリードする自動車メーカーやモジュラーメーカーとのコラボこそが鍵となってくるのである。私たちが経営するみちのりホールディングスグループでも、過疎地域におけるBRTあるいはそれに準ずる運行ルートを皮切りに、自動車メーカーなどとこのようなコラボを進めようと考えている。

自動運転時代の覇者は、グーグル？　自動車メーカー？　それとも？

こう考えてくると、自動運転時代の覇権を握るのは、中途半端に自動運転車そのものの開発に関わろうとしているグーグルではなく、例えばウーバーかもしれない。ウーバーは自分で自動運転技術を開発するよりも、他社が開発して実用化した技術を採用して、あくまでもモビリティーサービスの土俵で競争を加速させる戦略を選択すれば、かなり面白い戦いになる。

自動運転も、「レベル2」や「レベル3」では技術力で差別化ができるだろうが、もし「レベル4」が実現するところまでいくとなると、おそらくどの車も同じ地図で、同じC

第2章　なぜ日本企業が有利なのか

121

ＰＵでやらないと、逆に事故が起きやすくなるので、そこまでいくと、鍵となるコンポーネントはオープンソース化して、デファクトスタンダードとなるのではないかと考えている。

パソコンがたどってきた道と同じで、最後はどこもインテルを搭載して、「インテル入ってる」状態になったように、自動運転車も、最終的にはそのキーコンポーネントを乗せると、トヨタ製の車も、ＧＭ製の車も、みんな同じような自動運転車になるのではないか。そこまで行けば、自動車そのものは差別化ポイントではなくなり、もしかすると、ウーバーのような配車サービス、さらには非常にベタなビジネスであるレンタカーのようなカーシェアリングサービス、あるいは車を停めておく駐車場をどこにどれだけ持っているかの勝負になるかもしれないのだ。

車がただの移動手段になって、所有するよりレンタルするのが一般的になれば、ずっと走らせておくのは効率が悪いので、ローコストかつユーザーの近所に車を停めておく場所をたくさん確保しているところが勝つのではないか。ロケーションというのは先に押さえた方が勝ちという、ローカルビジネス型の勝ちパターンであり、これはディフェンス的には非常に堅固な競争モデルなのだ。この点では私たちのような地域交通機関にも潜在的な優位性が存在する。

ｅコマースの世界でも、ＥＣサイトというサイバー空間の範囲では、顧客のスイッチングコストは著しく低く、本質的な障壁は築きにくい。しかしリアルな物流の世界、とりわけラストワンマイルの世界では、それが築けるのである。

当初はＥＣサイトの良し悪しのゲームだったはずが、ふと気がついたら、リアルな物流を押さえてきたアマゾンが最強だったという話になったように、ＡＩや自動運転技術の競争だと思っていたら、いつの間にか駐車場という物理的な場所の競争になっている可能性があるということだ。

「リアルな世界」でも強いアマゾン

ウーバーやエアビーアンドビーのようなシェアリングサービスは、デジタル革命がリアルなサービス領域に及んできた先行事例である。しかし、バーチャルな領域では意外と真の差別化ができにくいので、ウーバーもただの配車サービスだけでは、すぐに真似されてしまう。ＧＰＳはフリーライド型のサービスだし、乗客と空き自動車のマッチングサービスはそれほど難しいアルゴリズムを必要としないからだ。

そのため、ウーバーは、中国では後発の類似サービス「滴滴出行（Didi Chuxing）」にウーバー・チャイナの事業を売却して、撤退に追い込まれた。滴滴のサービスはかなり気が利いていて、乗客が足りないときは値下げ競争になるし、車が足りないときはどんどん値が上がっていく相互オークション型になっている。米国よりも激しい競争でダイナミックに価格が決まる仕組みだ。

そう考えると、ウーバーさえ盤石とは言えないわけで、デジタル革命の主戦場がリアルな世界に移っていく中、ネット上のプラットフォーマーがそこでも勝ち続ける保証はない。むしろ、最後は駐車場や物流倉庫のようなフィジカルな部分で勝負が決まる可能性が高い。すると、今までのデジタル革命が作り出してきた産業構造も大きく変化する可能性があり、グーグル、アップル、フェイスブックなど、現時点での覇者たちの足元も揺らぎ始める可能性があるのだ。

それが、今起きていることの革命性の本質である。

だから私は、現在世界を牛耳っているプラットフォーマーの栄華が永遠に続くことはないと考えているのだが、アマゾンのジェフ・ベゾスは、ただのサイバー空間だけのプラットフォーマーにとどまりそうにない、無視できない存在だ。ベゾスはかなり早い時期から、最後はフィジカル・ディストリビューションを押さえることが勝負を決めると思っていたはずで、だからこそ自社で倉庫投資を行い、そこにＡＩ技術、自動化技術をどんどん取り入れているだけでなく、ドローンなどを活用してラストワンマイルの配送まで自ら担おうとしている。ネットオタクやネット信奉者とは違って、根っからの商売人なのである。だから、ある意味、インターネットというのを冷めた目線で眺めているのではないだろうか。

ローカル型産業、中小企業にはもっと巨大なチャンス到来

デジタル革命の主戦場がリアルの世界に移るということ、しかもスマイルカーブ現象が起きるということは、じつはL型産業（顧客対面型、労働集約型のサービス産業や農業などの地域密着型産業）に大きなチャンスが到来することを意味している。

今までデジタル革命とは無縁と思われた、こうした産業群とそこで活動している企業群がいよいよＡＩ、ＩｏＴ革命ステージで大きな影響を受けることになる。しかも、かなりの確率で有利に働くイノベーションが展開される可能性が高いのだ。

現在、私は東大の元総長の小宮山宏先生などと共にi-Construction推進コンソーシアムの委員、そしてインフラメンテナンス国民会議の会長を政策研究大学院大学教授の家田仁副会長と一緒につとめている。この領域も、深刻かつ構造的な人手不足の抜本的な対応策として、ＡＩを核としたＩｏＴとデータ活用によって、工程の大幅な短縮、作業の大幅な自動化、省力化が見込まれている。

一昔前、建設業が失業対策的な意味合いを持っていた時代ならともかく、人口減少社会で社会インフラを効率的に維持し、かつそこで従事する人々が安定的に高い収入を得られる産業に進化させるためには、デジタル技術による生産性革命は必須であり、かつまたそれは十分に実現可能なところまで来ているのだ。

同じことが、低賃金がゆえにどんどん担い手が失われている農業においてもあてはまる。土木建築の現場や農作業の現場で、ディープラーニング技術を活用したロボットが活躍する日はそう遠くないだろう。

L（ローカル）型産業こそリアルで「Sの世界」のビジネスの極致

本書の前半でも論じたように、L型経済を構成する、小売り、飲食、宿泊、運輸、物流、建設、医療、介護、農業といった地域密着型の産業群は、まさにリアルな人間がリアルな現場において対面型で財やサービスを提供する、もっともリアルなビジネスばかりである。労働集約度が高いということは、今までのＩＴ技術や自動化技術の恩恵をあまり受けて来なかったとも言えるわけで、ディープラーニング技術などによるＡＩのブレイクスルーで、こうした分野の様々なビジネスプロセスが大幅に自動化でき、生産性が大きく向上する可能性は高いのである。

また、こうした生身の人間が関わるビジネスは、人の健康や安全に大きく関わる「Sの世界」のビジネスでもある。すなわち「Cの世界」の住人である従来型のインターネットビジネスの覇者たちが苦手なビジネスドメインである。

もっと言えば、ネットの世界だけでは作れなかった競争障壁を作れるのは、まさにこのリアルな世界であり、顧客や地域と物理的に密着し、ロケーションという非代替的なアドバンテージを持っているL型産業は、じつはアマゾンのようなGの世界におけるIT系チャンピオンから見ても、垂涎《すいぜん》の的になりつつある。

スマイルカーブ現象が有利に働くバリューチェーンポジション

地域密着型サービス産業群は、当たり前だが、その地域にいる生身の顧客とフェースツーフェースで日々、対面しながら営まれている。IGPIが、東北地方を中心に展開している地方バス会社もまさにそういう業態である。ということは、インダストリアルバリューチェーン上は、もともと川下側の端っこに位置していることを意味している。したがって、デジタル革命でスマイルカーブ現象が起きても本来あまり被害を受けないどころか、むしろうまくすればプラットフォーマーとして強い立場を確立し、より多くの付加価値を取り込める存在になるポテンシャルさえ持っている。

その意味で、これまたG型産業であるグローバル製造業から見ても、Lの領域は、今後より重要な価値を持ってくる。ここでもスマイルカーブ化の圧力、ビジネスのサービス化のプレッシャーが強まる中で、地域や顧客との関係で密着度と密度を高めること、すなわち「密度の経済性」を効かせることが、特にディフェンスを固める上でより重要になってくるからだ。

L型産業は今や、Gの世界の人たちから羨《うらや》ましがられる産業に脱皮変身する潜在力を持っている。

ローカル経済圏の主役は中小企業群

労働集約的で密度の経済性が効くということは、グローバルな規模はもちろん、ナショナルな規模も追う意味があまりないということである。したがって産業構造は分散的となり、その主役は中堅、中小企業である。

この産業モデルの基本的な「勝ちパターン」は、まずは地域の覇者、商圏の覇者になることだ。拡大する場合は、先に密度を高め、そこで確固たるポジションを確立してから隣接地域に滲み出して、新たな地域ドミナントを築いていくことである。だから企業規模が大きくないことは、あまり決定的なハンディキャップにはならない。むしろ大事なことは、この基本原理に忠実に、粘り強く事業展開を進める経営力のほうである。

デジタル革命の波が押し寄せても、生身の人間や現物で構成されるリアルな世界はどこまで行ってもリアルだ。ここが変わるわけではないので、こうしたビジネスの本質的特性も変わらない。

ただ、進化するデジタル技術をうまく利用して生産性を高める、新しい価値訴求を顧客に行う、さらには従来よりも規模拡大が意味を持つビジネスモデルを創造する、例えばリアル型産業領域でプラットフォーマーモデルを構築するチャンスは大きくなる。

要は、意志と才覚のあるL型産業の経営者、地域の中堅・中小企業経営には非常に大きなチャンスが到来しつつある。日本経済において、GDPの7割、雇用の8割は、こうしたL型産業に属しているのだから、ローカル経済の主役である中堅・中小企業は、デジタル革命第三期における日本経済の主役でもあるのだ。

ターゲティング型の産業政策はもはや通用しない

大きなイノベーションの波が押し寄せる時代に、国が果たすべき役割とは何だろうか。国としては、イノベーションによって国民生活を、経済的な意味でも社会的な意味でも豊かにしたい。そのためにイノベーションの行く末を見極めて、そこで活躍しそうな企業や産業クラスターに梃子入れすることなのか。それとも市場経済の中で起きることに政府部門が介入してもロクなことはないので、レッセフェールで放置放任すべきなのか。

ビジネスの素人である政府の役人が民間企業の活動に干渉しても、あまり生産的ではないというのは正しいが、その一方で市場も失敗するし、企業単位の最適化が国民経済的な全体最適につながらない合成の誤謬《ごびゅう》ということもある。これは産業再生機構などで、政府部門と市場部門の境目で長年にわたり仕事をしてきた私自身の実感だ。すなわち答えはこの二つのスタンスの中間にありそうだ。

例えば、自動車産業ではトヨタとフォルクスワーゲンがほぼ互角にしのぎを削っているが、前にも示唆した通り、国民経済的にはドイツのほうが結果的に勝ち目の多い産業構造になっている。日本の自動車産業は系列中心のクローズド型にやや偏《かたよ》っているのに対して、ドイツのほうはわりと系列的なモデルで作り込んでいるダイムラーやBMWのような高級車メーカーと、よりオープン型、水平分業型で標準品をどんどん買ってくるモデルのフォルクスワーゲンが両方ともバランスよくあるからだ。両方あるので、どちらに転んでも、いずれかのモデルが勝ち組企業として生き残る。

クローズド型の系列モデルは、ノウハウの系列内蓄積には有利だが、世界の趨勢《すうせい》が一気にオープン型に傾いてしまうと、多くの自動車メーカー、傘下の部品メーカーが非常に大きな打撃を受けるリスクがある。だから、産業政策的に言えば、どちらに転ぶかわからないときは、両方ともあったほうがいいのだ。コチコチの一本足打法だと倒れてしまう可能性が高い。大きな揺れに襲われる可能性があるときは、複合的な柔構造のほうが強いのである。

革命的な変化の時代に国がやるべきこと

我が国の伝統的なターゲティング型産業政策は、キャッチアップ型のときは教科書があって、定石通りの手を打っていればよかったので、じつにうまく機能した。ところが、キャッチアップ型からフロントランナーになった瞬間、どちらに転ぶかわからない。系列モデルか、水平分業モデルかの分かれ道もそうだし、ガソリン車をやめて電気自動車に行くのか、燃料電池車に行くのか。本当のところ、答えは誰にもわからない。わからないときに一番ナンセンスなのは、どちらか一方に決めて、それしかやらないこと。これが国民経済的には一番危ない。

しかし、一つの会社に両方ともやらせると、負担が大きすぎて潰れてしまうかもしれないから、ある会社は電気自動車を、別の会社は燃料電池車をやればいい。そうすれば、日本全体として見たときに、少なくともどちらかは生き残る。

それに失敗したのがテレビや携帯端末ビジネスで、日本製のテレビやケータイが全滅したのは、みんな同じモデルで走ってしまったからだ。個別企業の戦略としても、お互いに思い切り差別化していかないと、共倒れの危険がある。だから、パナソニックがやっていることは絶対にソニーはやらない、ソニーがやっていることはパナソニックはやらないという戦略をとっておかないと危ないのだ。じつは、これは個別企業としても、レッドオーシャンでの消耗戦を回避できるという意味で正しい。「稼ぐ力」をもっとも減殺するのは、なんと言っても競争、特に過当競争状況なのだ。

ところが、二つ道があるときに、たいていの会社は戦略を絞れず、両方ともやろうとするから投資が分散して儲からない。みんながそれをやると、各領域での過当競争状況も解消されず、ますます儲からなくなる。プラズマと液晶の二兎を追ってしまったパナソニック、いやかつての我が国のテレビ産業全体がいい例だ。

その意味で、トヨタが燃料電池車で、日産が電気自動車というのは、流れとしては悪くない。しかも、モーターの技術は先ほど述べたようにおそらくコンポーネント化するので、自分たちが外れたら、外から買ってくればいいのである。

ここで国の役割は、まずは、それぞれの事業者が違う道、唯一無二の独自路線を行くことを歓迎することだ。裏返して言えば、余計な指針やターゲットを設定しないこと。

次に重要なことは、みんなが同じことをやってレッドオーシャンに突っ込まないような規律が経営に働くような制度整備を行うこと、すなわち企業統治、コーポレートガバナンスの強化である。この点で、今のところ経産省をはじめとする政府のアプローチは間違っていない。

それよりも難しい問題なのは、本当に革命が起きると、例えば、ウーバーのような会社がメインプレイヤーとして名乗りを挙げてくるので、電気自動車か燃料電池車かというのは本質的な違いではなくなってしまう可能性があることだ。前にも触れたように、ふと気づけば、コインパーキングの「タイムズ」とカーシェアリングの「タイムズカープラス」

を運営するパーク24が、完全自動運転時代の日本最強のモビリティーサービス会社となっているかもしれないのだ。

こういう不可予測的でドラスティックな変化に対し、政策的にどう対峙《たいじ》するかは政治的にも難しい。なぜなら既得権を持っている国内の既存プレイヤーや既存の産業モデルと激しいコンフリクトを起こすからだ。それもある日突然、サプライズな形で。

しかし、歴史的な答えは明白だ。破壊的イノベーションを無理に抑えつけても、世界の別のところでそれを達成したプレイヤーに、国内の既存プレイヤーはいずれ滅ぼされる。だから破壊的なイノベーターは歓迎すべきであり、もっと言えば、イノベーターがいち早く社会実装に挑めるように規制改革などの制度整備を行うことや、産業政策的には後で述べる産学連携、産学共働を含めたイノベーション・エコシステムを整備して、日本発の世界クラスの破壊的イノベーターが現れる確率を高めることがより重要な課題となる。長い目で見れば、やはり攻撃は最大の防御なのだ。

時代遅れの著作権法がディープラーニング革命の足かせに

ＡＩ革命を推進する上で国が直ちに対応すべき課題の一例が、世界的に時代遅れの著作権法の改正である。

著作権法は「創作的な表現」を守るための法律だが、そこでは複製権が著作権者の重要な権利として守られている。誰かの創作的表現を他人が勝手に複製してはならないということだ。ところがこれを厳密にやりすぎると、例えば検索エンジンの開発などで、誰かの著作物を機械が読み込んだり、索引する行為もすべて法律違反になるなど、社会活動上、様々な弊害も出かねない。そこで米国や英国など英米法系の国々、さらには最近ではイスラエル、台湾、韓国などの大陸法系の国々でも、一定の条件で公正な目的のための複製行為は一般的に著作権法違反としない「フェアユース一般条項」というルールを導入している。

日本では、権利者団体や一部の頭の固い法律家（学者、役人）の反対もあって、フェアユース条項の導入は実現しておらず、ポジティブリスト方式で個別的に著作権法の適用除外になる利用範囲を法定している。言い換えれば、そこに当てはまらないものは全て違法である。

先に挙げた検索エンジンの開発に際しては、当時は適用除外になっていなかったので、日本勢が不利な状況におかれたという指摘もある。結局、開発競争の大勢が決した頃にやっと法的にＯＫとなったが、「こと既に遅し」であった。

じつはこれと同じ問題が、ディープラーニングなどの機械学習によるＡＩ開発でも起きつつある。機械学習においては、著作物に相当する文章や映像、音楽などを読み込んでAIの精度を上げる開発も行われる。自動翻訳用AIや作曲・作画用AIの開発などでは、こうしたディープラーニングを使った開発が世界中でどんどん進むであろう。

しかし、フェアユース一般条項のない日本では、これまたグレーな領域になってしまう。今のところ研究目的の開発行為がほとんどなので、問題は顕在化していないが、それが商用化されるレベルまで来ると、著作権法は刑事罰もあるので、開発者はもちろん、そのAIソフトを作曲や作画に使ったクリエイターまでが損害賠償請求を受けた上に逮捕されるリスクさえあるのだ。萎縮効果は絶大で、優秀なAI開発者やコンテンツクリエイターたちは逮捕される心配が全くない国に流出するだろう。

守旧派の連中は、またぞろ「法改正して適用除外対象を広げればいい」だの、「ただでさえ著作権侵害が横行しているのだからフェアユース一般条項などもってのほか」だの、「罪刑法定主義の国でそんな曖昧な違法性阻却《そきゃく》条項はダメだ」とか言って反対しているらしい。

しかし、デジタル革命がどんどん広い産業領域を覆い、次々と新しいイノベーションと同時に、新たな著作権法違反問題が生まれる可能性がある中で、いちいち時間のかかるポジティブリスト追加をやっているようでは、必ずまた時間遅れとなる。それにフェアユース条項を入れたからといって問題とすべき著作権侵害が増えるというのは論理の飛躍だし、海外で使われている一般条項に問題があると言うなら、日本なりに現代的技術状況に対応した文言を考えるのが法律家や役所の仕事のはずだ。むしろ大きなグレーゾーンを放置することで未来の知的創作活動が制約を受けることのほうがはるかに大きな問題である。罪刑法定主義云々《うんぬん》に至っては噴飯ものと言うべき法匪《ほうひ》の詭弁《きべん》である。

現在、有志の国会議員たちによる議員立法でフェアユース一般条項の立法化の動きがあるようだが、とにかく開発競争真っ盛りの今はスピードが大事である。この立法を急ぐか、それが政治的に難しいならＡＩ開発を明確にかつ包括的に適用除外する法改正を急ぐべきである。これこそが国が真剣に取り組むべき政策行為の典型だ。

わざわざ「ＡＩ開発〝萎縮〟ガイドライン」を作ろうとする愚かな政策

ＡＩ開発にかかる国の動きといえば、総務省主導の「ＡＩ開発ガイドライン」の素案論点が先日公表されたが、これもまた開発者を萎縮させる効果絶大の内容となっている。ＡＩ社会の推進を標榜しながら、その開発を担う開発者に責任を押し付けていると言わざるを得ない内容も多く、こんな政策を作ってしまう国に優秀な開発者が集まるわけはない。「透明性」をうたい文句に「ＡＩの中身を公開しろ」とも。これでは苦労して開発したロボットや自動運転の制御技術の勘所がオープンになり、簡単に真似されてしまう。アルゴリズムやデータセットなどのソフト系の技術は特許に馴染みにくく、「表現」を守ることに主眼のある著作権法による保護にも限界がある。ビジネス展開上、ブラックボックス化は非常に重要なのだ。要は日本においてＡＩ技術で商品開発をしても、このガイドラインに真面目に従っているかぎり知財は守られないということだ。

デジタル革命の主戦場が製造業や自動車・物流などリアルな世界に移りつつある今日、グローバルで戦える日本のＡＩ開発ベンチャーも出てきており、自国主義を前面に押し出す米国の現状も相俟って、日本にとっては優秀な開発者を確保できる大きなチャンスが到来している。こうした状況で国がすべきことは、大学教授や大企業の会長・社長を中心とした何十人もの有識者を検討会議のメンバーとして集め、欧米での検討動向を教科書的に漏れなくカバーして「お勉強」した挙句、安全というマジックワードを盾に「新しいものはよくわからないし危ないから、開発者に説明をしてもらい、責任もとってもらおう」という情けない政策を作ることではなく、日本からイノベーターが現れるための仕組み作りを急ぐことのはずだ。今やるべきはけっしてこんな「ＡＩ開発〝萎縮〟ガイドライン」策定を急ぐことではないのである。まったく総務省の役人は何を考えているのか、開いた口がふさがらない。

各方面からの反発を受けて担当者は「イノベーションを妨げないよう表現を工夫」するなどと言っているようだが、AIは他のソフトウェアや半導体と同じ道具にすぎない。AIについてだけこんな規制をかける発想自体が根本から間違っている。

グローバル企業とローカル・チャンピオンの共存

デジタル革命最終ステージが生み出す景色として、アマゾンがヤマト運輸と手を組んでいるように、グローバル企業がローカルチャンピオンと最強タッグを組んで生き残ることが大事になってくる可能性がある。だから、アマゾンの本音としては、ヤマトを買収したくてしかたないはずだ。喉から手が出るほどほしい。そこが競争力の源泉だと知っているからだ。

もちろん相手がいる話なので、資本力を梃子にしたそういう買収ゲームがそう簡単にできないとなると、インターネットのサイバー空間とは違って、リアルな世界では、グローバル企業がローカル市場も独占するという単純な図式にはなりにくい。先ほど述べたように、フィジカルな部分で勝負がつくようになると、むしろローカルごとにチャンピオンがいるという構図になるかもしれない。グローバルチャンピオンとローカルチャンピオンが共存して、ケースバイケースで手を組むといったイメージだ。

物流業では各国にローカル・プレイヤーのチャンピオンがいて、インターナショナル・フォワーダー（国際貨物利用運送事業者）と呼ばれるＤＨＬなどがその間をつないでいる。国際輸送の基幹路線（大動脈・大静脈に当たる）はグローバル化しやすいが、その先のローカル路線（毛細血管）はいまだにローカル企業が担っている。エリアが違うので、買収してもすぐにはシナジー（相乗効果）は得られない。

電話会社も国によってバラバラなのは、各携帯電話をつなぐラストワンマイルは結局、基地局の敷設・管理など、かなりベタな商売なので、グローバル化することにシナジーがほとんどないからだ。コストの大半がローカルで生じていて、国際的な共有コストがあまりないから、グローバル化するメリットがそもそもない。ソフトバンクが米国の携帯電話大手のスプリントを買収したが、日本のソフトバンクとのシナジーはほとんどないはずだ。私も昔、携帯電話会社に勤めていたからわかるが、共通コストはほとんどない。

政策的な観点からも、グローバルチャンピオンを作り出すことばかりに執着せず、エコシステムとして経済社会全体をとらえ、このようなＧ型企業とＬ型企業の共存・相互補完モデルはもちろん、デジタル革命の中でさらに多様化し、流動化するビジネスモデルや経営モデルが、全体として国民経済の持続的発展に資するよう機能させることが重要となる。少なくとも、あるタイプの企業やビジネスモデルを上に置く（典型的には「輸出型産業であるG型企業こそがより重要な産業だ」という類の思い込み）ような価値観は絶対に持つべきではない。

第3章

日本企業がとるべき戦略

天才技術者を雇うには

前章では、ＡＩやＩｏＴではハード的解決とソフト的解決のすり合わせが必要で、両者が共存していくには、受け入れ側の日本企業が変わらなければならないと述べた。では、どのように変わる必要があるのだろうか。

右肩上がりの高度経済成長期からバブル崩壊までの30年間は、間違いなく、クローズドで連続的なイノベーションの戦いだった。この戦いの中で、日本の自動車メーカーは世界を席巻してきたし、日本の電気製品も世界中に広がっていったのだ。

今でも素材産業は連続的イノベーションの世界だし、機械系もわりと最近までそうだった。だから、結果的に重電や工作機械などはまだ強い。しかし、そうした戦いは多くの産業で終焉を迎えつつある。

そもそも連続的イノベーションは蓄積が効く一方、一本道をずっと登り続けていくので、先の見通しが立ちやすい。言い換えると、日本が成し遂げてきたことを、韓国や中国、台湾、ベトナムなどがあっという間にキャッチアップできてしまう。だから、この世界は最終的に人件費と投資規模の消耗戦になってしまうのだ。それこそ、先進国でやるような戦い方なのか、根本から考え直す必要がある。

シャープはもともとニッチプレイヤーだった。パナソニックや東芝などの巨人が跋扈《ばっこ》する中で、正面衝突を避けて、「目のつけどころがシャープ」なニッチ製品で勝負してきた会社である。ところが、先進国でこれだけ集約産業化が進んでいる中で、液晶や有機ＥＬを大量生産して差別化が図れると思ったところに根本的な間違いがあった。そこは後進に譲って、自分たちは別の戦場で戦うべきだったのである。

高い生産性、高い賃金を実現し、あるいは高い企業価値を作っていこうと思えば、大量生産モデルを頭から排除しなければダメなのだ。しかし、残念ながら、連続的イノベーションをずっと追求してきた会社は、異質なものを受け入れにくく、フロントランナーになったとたん、ネガティブな要素が大きくなってしまうのだ。

超優秀な人材が楽しんで働ける環境を用意する

そのため、会社のあり方を見直す必要があるのだが、難しいのは、まだそういうゲームの中にいる会社が多いために、単純に効率性を追求すると、今ある連続性や同質性を維持・強化する方向になりがちなことである。短期的にはそのほうが効率がいいからで、古くてダサいゲームでも、そのままやり続けたほうが、目の前の仕事を片付けるのには好都合なのである。

本音では、みんな仲良しの同質な集団に、日本語の通じない外国人や、冗談の通じない女性役員が入ってくると面倒くさい。だから、いまだに日本を代表するような企業のボードメンバーには、女性も外国人もほとんどいない。会社の顔とも言うべき役員がおじさん一色で、ダイバーシティ（多様性）が見られないのでは、オープンで風通しのいい組織風土は望むべくもないだろう。それではデジタル革命の果実を自社に取り込むのは難しいと言わざるを得ない。

私は、日本的雇用慣行をすべて否定したいわけではない。工場の現場や営業のメンテナンス部隊がうまく回っているならそれでいいと思う。もともと連続的だし、地域に根ざしてこれからもやっていくのだから、あえて変える必要はない。

しかし、たとえばＡＩを使ってロボティクスを進化させようと思ったら、今のままではうまくいかない。世界レベルのベスト&ブライテスト、超優秀な人材に、自社製品の自動制御に関わるＡＩを開発してもらおうと思ったら、とにかく彼らが楽しく働ける環境を用意しなければいけない。それは決してクローズドな組織ではなく、オープン型でなければ、最初から雇われてくれないだろう。「終身雇用であなたの一生を保証するからぜひうちへ」と迫った瞬間、先方は「勘弁してくれ」「あなたと結婚する気はない」と逃げてしまう。向こうは、期間限定のアバンチュールを楽しみたくて来ているので、そもそもニーズと合っていないのだ。

1、2年でもそういう天才を雇うには、組織や人事、報酬も含めて、異質なものと共存できる体制を築かなければいけない。しかし、今まで同質性で勝負してきた会社にとっては、これが思いのほか難しい。異質なものが入ってくると、ものすごくストレスを感じるのだ。言葉の違いもそうだが、中でも生々しく、反発を招きやすいのは報酬格差だ。

サラリーマンとプロスポーツ選手の違い

同じ東京大学工学部から、院卒二人を採用したとしよう。一人は普通のルートで採用した。初任給20万円ぐらいでボーナスを入れて、年収およそ400万円。もう一人はスーパーデータアナリストかスーパーAIエンジニアを全然違うルートで採用した。こちらは、パートタイムでもなければフルタイムでもなく、プロジェクト型で雇うのだが、年俸は2000万円。こういうことが現実に起きるので、そのストレスに、あなたの会社は耐えられますか、人事部は耐えられますか、ということなのだ。

ここでよく考えてほしいのは、たとえばプロ野球の巨人軍は読売グループの子会社だ。早稲田大学を卒業して、記者として入った人の年収を仮に初年度600万円だとしよう。同じ早稲田大学を卒業してドラフト一位指名でプロ野球に入ったら、年俸は1500万円プラス契約金1億円もついてくる。これなら、誰も矛盾は感じないのではないか。

記者とプロ野球選手にこれくらい違いがあるように、同じエンジニアでも、通常勤務の終身雇用の中で働く人と、天才的な技術者は、生み出す価値がまるで違う。たまたま横に並んでいても、やっている仕事の内容がまったく違うなら、むしろプロのアスリートに近いのだ。スタープレイヤーを雇うというのは、そういうことなのである。

そういう人に対して、他の社員と一緒に、毎朝社訓を三回唱和しなさいなどと言えば、辞めるのは当たり前だ。関係ないのだから。

終身雇用で働く人は、会社と運命共同体になるから、社訓を唱えて会社の理念を身体にすり込むというのは、百歩譲ってわからないでもないが、プロジェクトベースで才能を買っている人に対して、同じことを求めるのはナンセンス。「君は朝礼には参加しなくていいから」でいいはずだ。どうせ一生その会社にいるはずもないのだから。

しかし、出入り自由にしてあげて、その人たちが楽しめるチャレンジングな課題を用意できれば、彼らは喜んで仕事をしてくれるはずだ。好きなときにやってきて、好きなことをやって一定の成果が出たら、また次の面白そうな会社に移っていく。そういうところに天才は集まってくる。抱え込もうとすればするほど逃げていく。

だから、一国二制度、三制度、四制度で、相手に合わせて柔軟に制度設計して、異質なものと共存できるように自分たちが変わる必要がある。これが今、日本企業に求められている本当の意味でのチャレンジだ。

変わることができた会社にはチャンスが広がるが、できなかった会社は消えていく運命にある。

米国企業はもともと個人契約が基本で、エリート層は特にそういう面が強いから、組織変革する必要はない。グーグルの社員だって、グーグルと一生添い遂げようと思っている人は少ないだろうし、アップルでも似たようなものだろう。

もともと米国が一番ゲゼルシャフト的（機能的組織、利益集団）で、日本が一番ゲマインシャフト的（共同体組織、ムラ社会）なのだが、どちらがいいというわけではない。ゲゼルシャフト的な要素が強い分野とゲマインシャフト的な要素が強い分野、言い換えれば、オープンで入れ替え可能なほうが向いている分野とクローズドで同質なほうが向いている分野があり、両方ともが求められるので、どんなときでも通用する万能理想形があるわけではないのだ。

一国二制度で異質なものと共存する

だから、マネジメントとして考えなければいけないのは、異質なものを一つの企業体、コーポレーションという名の法的フィクションの上にどうやったらうまく乗せられるか、ということだ。採用のしかたも一つに絞るのではなく、いろいろなルートがあっていい。ライフタイムでフルタイムの従来型の雇用があってもいいし、プロジェクト雇用もあっていい。自分の経験に照らしてみても、いろいろな雇い方をしたほうが結果としていい人材が集まるのだ。

プロフェッショナル型組織とサラリーマン型組織

ＩＧＰＩのようなプロフェッショナル集団でも、超優秀な天才は、フルタイムでは雇われてくれない。やりたいことがいくつもあるから、プロジェクトベースでやりたいことだけ、やりたいときにうちに来ていいという形にしている。

それができている会社がほとんどないのは、「なんであいつだけ好き勝手なことをしているんだ」「差別だ」と文句を言うヤツが必ず出てくるからだ。しかし、持っている才能が違うのだから、そんなことを言っても始まらない。

みずほ銀行や野村證券などでも一時期、幹部候補のプロ人材を雇おうという流れがあったが、日本の金融機関はいわゆるサラリーマン型のオールドモデルの勝者だから、そこにパッチワーク的にプロフェッショナルを採用して当てはめようとしても、なかなかうまくいかない。

世界を見渡せば、もともと投資銀行というのは完全にプロフェッショナルの世界で、日本の銀行や証券会社とは全然違うゲームを繰り広げている。だから、給料が桁違いに高いわけで、投資銀行はプロフェッショナルが気持ちよく仕事できるようなフィールドを作ってあげればいいのである。

日本の銀行は典型的なピラミッド型の組織で、サラリーマンしかいないから、幹部候補生だけ別ルートで採用してプロ人材に育てようとしても反発が起きやすいし、根っからプロフェッショナル型でやっているモルガン・スタンレーやゴールドマン・サックスとは似て非なるものである。ボストンコンサルティンググループ（ＢＣＧ）やマッキンゼーも根っからプロフェッショナルの世界だ。

プロフェッショナル型のビジネスは、投資銀行やコンサルタントだけでなく、弁護士、会計士、医師などにも広がり、ソフトウェアの会社もかなりそれに近いところがある。リクルートもわりとそういう側面が強い会社だ。だから、40歳になる前にみんな辞めていく。個を基本単位とした知的生産性で勝負する会社は、終身雇用や年功序列とは相性が悪いのだ。リクルート創業者の江副浩正さんはそれがわかっていた。だからこそ、本人が去っても、きわめて強力な企業体が残った。DNAレベルでプロ意識が染み付いているからだ。

そういう世界の人からすれば、超優秀なプロ人材を高い報酬を払って雇うことに心理的抵抗はないが、サラリーマン型の組織からすると、プロ人材を雇い入れるだけで、すごく不自然な空間をマネージすることになる。要は、相性が悪いのだが、それが日本の多くの経営者はどうしても腹落ちしない。自分たちがサラリーマン型の組織しか経験していないからだ。

サラリーマンは個々の能力よりも集団で力を発揮する。集団であることに意味があるから、経営者としてはある意味扱いやすい。プロフェッショナルは独立独歩が基本だから、そういうプロを束ねることができるのは、同じプロだけだ。

プロ集団はプロにしか経営できない

サラリーマン社長がプロ集団をマネージするのは無理がある。なにしろ、言うことを聞かないから。プロ野球でも、実力があるピッチャーほど「敬遠の四球で歩かせろ」という指示を無視して、ストライクを取りにいく。結果を出せば文句は出ないのがプロスポーツの世界だ。

優秀な人間ほど命令を無視するということを前提に、どうプロフェッショナルファームの力を最大化するかというのが、プロフェッショナル組織の経営なので、サラリーマン組織で指揮命令系統がしっかりできている世界で育ってきた人には、どうしても理解できないし、プロを束ねる勘所がつかめないのだ。

10年あまり前に、某一流大手金融機関のトップが「投資銀行宣言」を打ち出して、自ら新聞の全面広告に登場し、私たちのような本当のプロフェッショナルファームで生きてきた業界の連中からは大失笑を買った事件があった。中身は商業銀行にすぎないのに、かつて超エリート集団とされたその銀行のエラい人が「自分たちこそ優秀だ。日本のトップクラスは全部うちに入行しているんだ。途中でゴールドマンやモルスタ（モルガン・スタンレー）に流れた連中は二線級にすぎない。だから自分たちが本気で投資銀行業務をやれば、ヤツらに負けるはずがない」と勘違いしたこの試みは、その数年後、結果的に手痛い損失を出す顚末《てんまつ》となった。プロフェッショナル組織同士の争いに、サラリーマン型の商業銀行で勝負を挑むなんて、ブラックジョーク以外の何物でもない。そんなことでは太刀打ちできるはずがないのだ。

日本の金融業界で、問題の本質がここにあるということさえわかっていない経営者がいかに多いことか。産業再生機構でご一緒し、その後、日本取引所グループのCEOも務めた斉藤惇さんのように、サラリーマン型組織とプロフェッショナル型組織の間における組織の根っこの部分における本質的かつ非可変的な違いをわかっている人もいるが、その数はごく少数だ。

ＢＣＧやマッキンゼー、ゴールドマン・サックスやＫＫＲで長年、働いた人にとっては当たり前のことでも、サラリーマン組織しか経験していない人には理解できない。それはある意味しかたのないことである。だから、一つのクローズドシステムの中で経営できるとはゆめゆめ考えてはいけない。

会社の枠をこえた「ワイガヤ空間」、キャンパス的スペースを作れ

「ワイガヤ経営」と言う言葉は、かつてホンダが提唱した言葉で、立場の上下左右に関係なく風通し良く大人数でフラットに話し合いながら仕事を進めていく経営スタイルを意味している。異質な人々が共存し、お互いに違いを尊重して仕事を進めるときには、まさにこのワイガヤが重要なのだが、これからの挑戦は会社の枠を越えて、このワイガヤな空間を作ることである。

終身年功制で働くつもりのサラリーマン型正社員、一つの組織に長居する気のないプロフェッショナル型人材、社外のコンサルタントやベンチャー企業、さらにはフリーランスの人材や大学の研究者など、行動原理も価値観も違う人材が、ワイガヤ空間で共存し、あ

る目的に向かってコラボする。そして結構な頻度でお互いの立場が入れ替わる（例えば正社員が退社してベンチャーを立ち上げて出身企業と対等に付き合う）。あの「グーグルキャンパス」のようなオープンイノベーションスペースを、日本企業はその辺縁に作り、かつそれを拡大、深化させせなければならない。目指すべき姿は、中核部には企業固有のある意味クローズドなものを堅持しつつ、辺縁部に向かって連続的なスペクトラムでオープンキャンパス的な空間につながっていく組織モデルである。

私たちの経験で言うと、これがもっともできているのがリクルート社である。だから外部のリソースを使うことが抜群にうまく、デジタル革命が生み出すオープンイノベーションのネタをどんどん貪欲に取り込んでいってしまう。その一方で組織能力のコア部分においては、いわゆる「リクルート的なるもの」の背骨が強烈に通っていて、それが新しいネタを実に見事に収益事業化していく原動力になっている。情報出版産業という、デジタル革命の荒波をもっとも激しく受けた産業領域にいながら、見事にそれを成長機会に転じることに成功した真因はここにあると思う。

戦略的な仕掛けの例としては、ＫＤＤＩ社が運営するKDDI∞Labo（ＫＤＤＩ無限ラボ）の周りにキャンパス的なエコシステムが形成されつつある。私たちＩＧＰＩは、２０１１年の設立時からKDDI∞Laboの運営支援と日本中から公募によって集まってくるチームへの経営アドバイスを行っている。２０１１年当時、シリコンバレーではＹコンビネーターや５００スタートアップスといったいわゆるスタートアップアクセラレーター（ＳＡ）が立ち上がっていたが、ＳＡとしてはKDDI∞Laboが我が国で最初の本格的な事業会社による取り組みだったこともあり、今や日本のＳＡの決定版的な地位を確立し、チームの採択も11期目を迎えた。KDDI∞Laboではトップレベルの未来のアントレプレナー候補たちと、それを支援するために集まった30社を越える一流大企業群による「ワイガヤ空間」が渋谷ヒカリエに生まれている。そこでは野心溢れるスタートアップチームに様々なアセットを持ち寄ったＫＤＤＩをはじめとする大企業や専門家がメンターとして参画し育てるというエコシステムが出来上がっているのだ。

また、元祖「ワイガヤ」のホンダも、この度、東京の赤坂に「ＨｏｎｄａイノベーションラボＴｏｋｙｏ」を設立し、主にＡＩやロボティクスの研究を進めていくが、世界中からオンラインでプロジェクトに参加するような人工知能研究者達にとっても東京のど真中にラボがあるのは魅力的だろう。サンフランシスコやニューヨーク、ボストンには世界を変えるアイディアを抱いたアントレプレナー達が集うシェアオフィスやインキュベーションヨン施設が多くあるが、そうした街に並ぶ魅力を持ち、治安も交通アクセスも良い都市である東京に新しい「ワイガヤ空間」が生まれることを期待したい。

プロ経営者の改革がうまくいかない理由

では、デジタル革命対策としてプロ経営者を外部から連れてくればいいのかというと、話はそれほど単純ではない。なぜかと言うと、サラリーマン型にどっぷり浸かってきた会社は、ＤＮＡレベルでそれが染み付いていて、問題の根が深いので、２、３年で生まれ変わることはできないからだ。

急性の結核にかかったとか、悪性のインフルエンザになったという話であれば、すぐに治療を開始すれば、２、３年でなんとかなる。しかし、より慢性的で、遺伝子疾患に近い問題になっているときは、数年で根本的な治療を施すのは無理で、結果が出るまで10年単位の時間がかかるのだ。10年、20年かけて、遺伝子組み換えの努力を続けてはじめて身も心も生まれ変わることができる。

２、３年で頭を切り換えることはできても、身体（中身）はそう簡単には変わらないから、そこで結果を焦ってしまって、かえって揺り戻しが起きたりする。だから、10年かけても20年かけても本気で遺伝子改造するぞ、体質改善するぞと覚悟を決めてじっくり取り組むことだ。急がば回れで、結果的にそのほうが早いのだ。

逆に短期で成果を出すことに固執して、トップダウン一辺倒の米国型経営スタイルをいきなり持ち込もうとしても、もともと分権的でボトムアップでゲマインシャフト的な組織集団で出来上がっている日本企業において、実態的な権力掌握はそう簡単にできず、むしろ社員から根深い反発を買ってしまうケースのほうが多い。面と向かってトップに反抗しないが、半分無意識のうちに多くの社員が面従腹背《めんじゅうふくはい》的な行動を取り、結果的に業績は悪化する。真っ向から反抗してくれると対応のしようもあるが、この手の牛歩戦術的な抵抗運動、それも誰か首魁《しゅかい》がいるのではなく、拡散的、同時多発的に起きる静かな抵抗運動ほど厄介なものはない。業績悪化で先に首筋が寒くなるのは、鳴り物入りで乗り込んできた「プロ経営者」のほうである。

短期的な成果を追求するプロ経営者

プロ経営者というと、アップルコンピュータから日本マクドナルド、ベネッセを渡り歩いた原田泳幸さんやGEジャパンからリクシルの社長になった藤森義明さんが有名だ。しかし外資出身の「プロ経営者」と言われる人の多くは、今どきの日本的な組織体質の企業の変革を根っこのところから行うことは、もともと得意でないのではないか。

外資系の日本法人トップとは、言ってみれば日本支店の支店長なので、ある意味、本当の経営をやったことがないというのが私の考えだ。

プレッシャーのきつい外資系のことだから、短期的に結果を出すことには秀でているかもしれないが、それはあくまで急性疾患に対する対症療法か、あるいは外科的に患部を切り取って体調を回復したということであって、慢性疾患や遺伝子疾患を根治するタイプの治療法ではない。外資系は日本法人もまたトップダウン型の組織モデルになっており、ゲゼルシャフト的な体質でもあるので、外科的な方策をトップダウンで展開することも比較的容易だ。

ところが、今の日本企業が抱えている疾患は、そうやって無理やり体調を回復させた場合でも、往々にして、後からガンが再発するのである。今度はステージ4のガンとして。いや、その前にゲマインシャフト型組織の権力掌握さえできず、外科手術さえやらせてもらえないまま、数年で退陣に追い込まれるケースのほうが多い。

要は、それなりに歴史のある日本の組織を相手にしたとき、Ｗｈａｔ（何をやるか）で短期勝負に出たがる外資系モデルの「プロ経営者」はほとんど機能しないのである。Ｗｈｅｎ、Ｈｏｗ、Ｗｈｏのアートが使いこなせないと、何も変えられず、何も起きないのである。私の知る限りでは、外資系の日本法人トップ出身でそれができた「プロ経営者」は、カルビーの松本晃ＣＥＯを含め、本当に数えるほどしかいない。

企業を遺伝子レベルで根っこから改革できるか

先ほどから述べているように、今、日本企業が直面しているのは、外科的治療が必要なタイプの問題ではなく、より根源的な遺伝子レベル、ＤＮＡレベルの体質転換に関わる問題なのだ。ここで体質を根本から改めないと、ハードとソフトのすり合わせ競争に敗れて、致命的な疾患を抱えることになる。環境が変わったときに細胞がガン化して、もう手の打ちようがなくなったら、最後は外科手術しかない。つまり、患部をごっそり切り取るリストラだ。

そうなる前に、たとえ10年かかろうと、ＤＮＡレベルで体質改善を進めなければならないのだ。

確かに極めてチャレンジングな課題だが、それはＧＥでジャック・ウェルチがやったことでもある。前例がないわけではないのだ。ＧＥは当時、日本の総合電機メーカーに近い会社だった。多角化で色々な事業に手を出し、図体が大きいだけの何でも屋になって苦しんでいたところに、ウェルチがやってきて、20年かけて改造していったのだ。

日本でＤＮＡレベルで生まれ変わった会社はほとんどないが、日産自動車がかなりいい線をいっているのは、カルロス・ゴーンさんが君臨して20年近く経つからだ。また、日立やソニー、パナソニックが今、組織の遺伝子組み換えにチャレンジしていて、変身途上にある。

改革を急ぎすぎると揺り戻しが起きる

何十年もその会社にいる社員にとっても、会社のＤＮＡを変えるというのは、根源的な価値観や、何年も慣れ親しんだ行動様式を変えるということなので、そう簡単に受け入れられる話ではない。「明日から一切米を食べるな」と言われても、いきなりパン主体に変えられるはずはないのだ。ところが、いわゆる「改革ごっこ」で終わるパターンというのは、この数年が勝負だから、「とにかくみんなで洋食を食べようぜ」と言って、それを強制してしまうことだ。外部からやってきたプロ経営者がいるうちは、みんな我慢して洋食を食べているのだが、数年経って上からガミガミ言う人がいなくなると、いつの間にか米食に戻っている。洋食文化が血肉となったわけではないから、ちょっとしたことで揺り戻しが起きてしまうのだ。

その意味で、2、3年勝負のプロ経営者では真の改革をやり遂げるのは不可能だし、生え抜きのサラリーマン社長でも難しい。短期決戦の外部から来たプロ経営者が有効なのは、私も関わったカネボウやJALなど、すでに実質破綻《はたん》状態という末期的な病状で、大規模な外科的手術が不可避なときであって、しがらみがない分、患部を見事に切り取ってV字回復というパターンがこれに当たる。あのゴーンさんでさえ、平時に日産に乗り込んでいたら、入口のところで跳ね返されていた可能性が高い。

日本人が変わるのは諦めたとき

日本人はなかなか変化を受け入れないが、たまに文化的にガラリと変わることがある。それが1945年8月15日の終戦で、それまでは内心「これはもうダメだな」と諦めていた人も、口に出すと非国民扱いされるから黙っていた。ところが、負けた瞬間から、ドミノ倒しでブロックがパタパタパタパタと倒れるように、みんな「ギブ・ミー・チョコレート」に変わっていった。根っこのレベルの変革とは、そこまで持っていく我慢比べなのだ。我慢して、我慢して、我慢し切れなくなったら、一斉に変わる。

理想を言えば、戦況が悪化した2、3年前に休戦に持ち込んでいれば、被害もそこまで深刻にならずに済んだのだが、その段階だときっと国論はまとまらない。諦めがつかないからだ。

だから、シーソーが逆向きに倒れるところまでは持久戦覚悟でやらないとダメで、そこまで行けば、ようやく諦めがついて、みんな一斉に変わるのだ。

日本の組織が変わるのは、それまで守り続けた既得権益や心地よかった習慣を「もうダメだ」「これ以上は維持できない」と諦めたときである。

集団のうちの一定の割合の人たちが諦めると、今度は諦めることに同調圧力が働き、最後まで諦めない人はKY（空気が読めない）な人になってしまうので、ドミノ倒しが起きる。つい最近まで「鬼畜米英」と言わないとKYだったのが、今度は「ギブ・ミー・チョコレート」と言わないとKYなのだ。三島由紀夫はそこに違和感を覚えて「これでいいのか」と自問していくことになるのだが、大方の日本人にとっては、変わり身の早さに疑問を感じることさえなかった。

そう考えると、実は、会社を無理に延命させるよりも、一回潰して作り直したほうが、結局早い。倒産すれば、諦めざるを得ないからだ。日産が生まれ変われたのも、一度潰れかけて、ルノーの子会社になったからだ。実質的には一度破綻して、そこから再生したわけだ。その意味では、先日の鴻海《ホンハイ》への身売りで、さすがにシャープの人たちももう諦めがついたのではないか。今起きていることがいいか悪いかは別として、ああなるともうしかたないと諦めもつくはずだ。

本音を言えば、あと一年早く液晶と有機ＥＬを止めておけばよかったと思うが、その時点ではきっと諦めがつかなかっただろう。売上げの半分以上を液晶が占めていたら、なかなか諦め切れるものではない。カネボウの繊維部門しかり、ＪＡＬしかり。諦めがつかないから、傷口がどんどん深くなる。

デジタル革命の波に巻き込まれた企業がそこで勝ち抜くには、この「諦め」の心境が組織の支配的空気になる瞬間、すなわち変革のシーソーが倒れる瞬間を少しでも早く到来させることが鍵になる。

過去二回の革命と比べれば難易度は低く、言語のハンディも小さい

デジタル革命の第一期、第二期までは、今までのやり方を全否定しなければ、次のフェーズに移れなかった。それは米国企業も同じで、だからこそ、ＩＢＭはウィンテルに取って代わられたし、ウィンテルも次のインターネット&モバイル革命のときは覇者になれなかった。それくらい不連続な戦いだったわけで、あれだけ移り変わりの激しいゲームで日本企業が善戦するのは不可能だったと私は思う。

あえて言えば、第一期生まれのアップルが、第二期で大成功を収めているが、アップルは事実上一回死んだ会社であって、ジョブズが復帰して甦ったと考えれば、デジタル革命

の勝者はすべて、まっさらな土地にインフラを整備する「グリーンフィールド」型の会社であって、すでにあるインフラを整備し直して使う「ブラウンフィールド」ではなかったことがわかる。おまけに第二期のインターネット革命においては言語が重要であり、英語圏、中国語圏の企業が有利だった。

毎回グリーンフィールドが勝っているゲームに、日本のゲマインシャフト型組織が挑んでも、勝てる可能性はほとんどない。身長150センチの人が走高跳に挑戦するような無謀な取り組みなので、最初からやめておいたほうがいい。

しかし、現在のソフトとハードのすり合わせフェーズは、自分たちのやり方を全否定しなくても戦うことができる。異質なものを上手に取り込みつつ、すでに持っているものも活かして戦うことになるので、前よりずっとハードルが低いのだ。リアルでフィジカルなアプリケーションでは言語的なハンディキャップもない。また、第一期、第二期の「負けパターン」とその背後にある必敗の構図も嫌というほど目撃してきた。だから、今回は真剣に改革に向けて取り組むところが多くなるはずで、すでに気づいて動き出している会社も少なくない。

ことここに至って気づかない会社、変わる気のない会社は、残念ながら、退場してもらうしかないし、中国企業に買収されてもしかたがない。雇用が失われるとか、技術が流出するとか下らないことを言う人が出てくるだろうが、構造的人手不足の日本経済にとって、「稼ぐ力」のない（＝高賃金の雇用を生まない）会社、儲からない技術なんて、中国にくれてやればいいのだ。そして人類共通の財産として、みんなに使ってもらったほうが役に立つ。

逆に、赤字を垂れ流す技術を輸出するということは、国民の所得が国外に移転しているということだ。赤字続きの液晶とプラズマディスプレイを輸出して、日本は世界中に富をばら撒いてしまった。技術流出が怖いからと自前で生産して、結果的に、富が国外に流出してしまうくらいなら、そんな技術は気前よくくれてやって、自分たちは儲かる技術に集中投資したほうがいいのだ。

そのためにも、どこまでが儲からない技術で、どこからが儲かる技術なのか、見極める必要がある。競争領域と非競争領域の見極めは本来、経営者の意思決定の問題だが、日本の大企業は得てしてそうした判断をボトムアップで決めてしまう。ところが、ボトムアップでは、競争領域を過大評価しがちなのだ。ここでは勝負がつかないと競争領域を狭めてしまうと、自分たちの仕事がなくなってしまうかもしれないからだ。

勝手に口をつぐんで保身をはかる人たち

私は政府主導の「ＩｏＴ推進ラボ」で支援委員会の座長を務めている。テーマごとにＩｏＴプロジェクトを募集して、コンテストに受かれば、お金が必要な人にはお金を付け、ネットワークを作りたい人には最適なパートナーを紹介し、規制改革をやりたい人には規制改革を支援して、ＩｏＴを推進していこうという仕組みで、コンテストでは様々なプロジェクトのプレゼンテーションを見ることになる。

そこで気づいたのは、ベンチャーの人は全部オープンにして、わりとあっけらかんと話してくれるのだが、大企業の人ほど「ここまではオープンにするけれども、ここから先は出さない」という線引きをしたがるということだ。他社に真似されたら困るということらしいのだが、よくよく話を聞いてみると、別にたいした秘密ではなく、「そんなことはみんなもう知っているんじゃない？」というレベルの話だったりするのだ。私からすると、そんなところでは勝負はつかないと思うのだが、本人は会社に戻ってから何を言われるかわからないから隠してしまうらしいのだ。

しかし、変に秘密にするよりもオープンにしたほうが、むしろ一緒に組みたいという人が手を挙げる可能性があるわけで、何でも隠したがるのは、クソサラリーマン根性が出ているからだ。社長に問い合わせたら、おそらく「別に構わない」と言うはずだ。しかし、社内には「それはいかがなものか」と文句を言うおじさんが必ずいるから、保身のために余計なことを口にしない習性が身に付いてしまうのだ。実にもったいないことである。

リアルキャピタルからヒューマンキャピタルへ

プロフェッショナル型の組織機能は、ヒューマンキャピタル（人的資本）が価値の源泉となっている。

ソフトバンクがＩｏＴ時代の切り札として、２０１６年に３兆円で買収した英国のアーム（ＡＲＭ）は、スマホ向けＣＰＵで世界シェアの95％以上を占めるとされているが、生産設備はまったく持たず、設計に特化した会社なので、人的資本が企業価値の大半を占める。つまり、アームというブランドやライセンスに価値があるのではなく、それを生み出す３０００人のエンジニアに価値があるのであって、個人的には、純粋に人的資本の会社をあれだけ大枚をはたいて買う意味はよくわからない。それだけお金があるなら、優秀なエンジニアを全員引き抜けばいいからだ。

会社を買ってしまうと、その代金は株主に行ってしまう。なぜ企業価値に貢献しない人にお金を渡すのか、よくわからないのだ。たとえば、英国のケンブリッジにあるアームの本社ビルのすぐ近くにビルを借りて、そこに3兆円を積んで、「この3兆円で君たちの好きなことをやっていい」と言えば、みんな転職してくるはずだ。そうすると、そのお金はすべて企業価値向上のために使われることになる。人に投資するというのは、そういうことだ。

アームが持つライセンスはやがて切れる。次のライセンスをつくるのはエンジニアだ。従来の取引先も、人が移れば付いてくる。それに、CPUの設計というのは、B to Cではなく B to Bビジネスだから、誰が本当に賢いのか、取引先はみんな知っている。だから、たとえば優秀なAさんのチームが全員まとめて別の会社に移れば、仕事もそちらとすることになる。

人に投資するなら、企業買収よりも引き抜きのほうが効果的

IGPIもほぼ純粋に人的資本だけの会社だが、たとえば誰かが私のところに来て「1000億円で買いたい」と言ったら、バカじゃないかと疑ってしまう。1000億円もあるなら、メンバー全員引き抜けばいいからだ。私自身は株主だから、会社を買ってくれればお金が手に入るが、肝心の仕事をしている人たちが、そのお金をもらえるわけではない。だから、会社を買う意味はないのである。

孫正義社長が今まで買収してきたのは、言ってみれば設備産業で、もっとモノっぽい会社だった。ファシリティ（設備）と免許（電気通信事業者など）に価値があるから、会社を買えばもれなく付いてくる。人と違って会社が嫌になったからと勝手に辞めてしまうこともない。

少なくとも先進国の人間には職業選択の自由があり、自らの意思で会社を去る可能性は常にある。シリコンバレーでも、ベンチャーを買うのはそこにいる人材を手に入れるためと言われることが多いが、それはゴールデンパラシュートが利いている間だけの話で、せいぜい3年から5年のことにすぎない。

また、米国では知的財産は１００％会社に帰属するので、その会社が持っている知財や顧客ベースを狙っているという面もあるため、知財なり顧客ベースなりと彼らの才能を限定期間で買っているのだ。そこはお互いに割り切っているから、だいたい3年から5年で優秀な人はみんないなくなる。

そう考えると、なぜソフトバンクが3兆円も払って人的資本の会社を買うのか、やはりよくわからないというのが一つ。もう一つは、もともとアームが得意だった分野とは別のことをやらせようとしていることが、問題をさらに複雑にしている。

半導体への着目は正しいが、スマホ時代の勝者がＩｏＴ時代に勝てる保証はない

孫さんは、ＩｏＴ時代に向けた先行投資としてアームを買収したと言っていたが、確かにＡＩ・ＩｏＴ革命が進むなかで、そのコアとなる律速技術の一つは明らかに半導体であり、動作速度、省力化などあらゆる意味で演算系もメモリー系も格段の性能向上と市場成長が期待されている分野ではある。物性的な限界などに起因していわゆるムーアの法則も間もなく壁にぶつかると言われるなか、ここに来て回路設計だけでなく、材料や製造プロセスなどのハードサイドも含めた大きな技術的ブレイクスルーに向けて、世界的に激烈な開発競争が始まっているのだ。一時期ファブレス指向だったインテルなども最近は製造回帰しているし、グーグルやマイクロソフトも半導体分野への開発投資に力を入れている。ハしかし、そうなると、アーム社の既存の人的資産があまり役に立たない可能性がある。ハード面でのブレイクスルーをリードする技術も持っていないだろう。彼らが得意だったのは、スマホ向けの省電力の回路設計であって、ＩｏＴとどれだけ関係あるのか、よくわからないという面もある。少なくとも、ＡＩとはまったく関係ない分野だ。

さらには、別の不安も頭をもたげてくる。パソコン時代にＩＢＭではなくインテルが、モバイル時代にインテルではなくクアルコムが、スマホ時代にクアルコムではなくアームが勝者になったように、フェーズが変わると勝者が入れ替わるのがこれまでの歴史だった。

このパターンでいくと、ＡＩ・ＩｏＴ時代の勝者は、おそらくアームではなく別のどこか、ということになる。

仮に会社ごと買収するのではなく、チームを引き抜いて新しい会社を作っていたら、そのほうがうまくいく可能性が高かったかもしれない。というのも、アームに儲かっている既存事業がある以上、そこにはイノベーションのジレンマが働くのは避けられない。であるならば、トヨタが本社とは切り離して作った人工知能研究所のＴＲＩ的アプローチのほうがうまく機能するのではないか。

ソフトバンクは、これまで純粋な人的資本の会社を買ったことはない。唯一、私自身が売り手側の交渉責任者として孫さんに売却した、プロ野球のホークス球団だけは中身はプロフェッショナル集団だが、プロ野球は実はものすごく免許が限定されていて、全部で12球団しかない。ブランド・エクイティ（ブランドが持つ資産価値）が球団とセットになっていて、ホークスを買えば、フランチャイズ権がもれなく付いてくるから、純粋な人的資本の会社とは言い難いのだ。

希少リソースは「お金」ではなく「人」

一般に、人的資本が中心のソフトウェア会社の買収は、私の知る限り、ほとんど失敗に終わっている。米国でも似たような状況だ。コンサルティング会社の買収もことごとく失敗している。コンサルティングファームについては、ＩＰＯ（上場）もだいたいうまくいかない。

なぜかというと、ヒューマンキャピタル（人的資本）に価値があるのに、リアルキャピタル（お金）の出し手からなぜ出資を受けなければいけないのか、納得のいく理由を見つけるのは困難だからだ。株主からＲＯＥ（株主資本利益率）を高めろと言われても、自分たちの報酬は自分たちで稼げるから、そもそも株主のお金で雇われているわけではない。それなのに、なぜ株主の懐具合を豊かにするために自分たちが働かなければいけないのか、わからないのである。

こうした会社では、どちらが希少なリソースかといえば、人間のほうが明らかに希少価値は高い。そのため、法律事務所や会計事務所、コンサルティングファームなどのプロフェッショナル組織は、だいたいパートナーガバナンス（共同経営者方式）になっている。資本主義（キャピタリズム）は希少リソースがリアルキャピタル（お金）の産業向きではあっても、ヒューマンキャピタル（人的資本）が中心の会社とはもともと相性がよくないのだ。

人的資本の会社でも、創業世代がまだ株（ストックオプション）を持っているうちは、従業員と株主の利害が一致するので、上場してもそれなりにうまく回る。しかし上場後、株価が高くなった状態でストックオプションをもらっても、あまり魅力的ではないので、従業員の利害や動機づけと、一般株主の利害の整合性をとるのがどんどん難しくなってくる。純粋に人的資本の会社になればなるほど、この矛盾が大きくなるのだ。

半導体もメーカーモデルなら巨大な設備が必要な産業はリアルキャピタルが必要だし、創薬のように発明・発見をメシの種にしている会社も先行投資が必要だ。そういう産業は、株主からお金をもらって、利益を株主に還元する株式会社方式が向いている。しかし、同じ半導体でもアームのように設計・デザインに特化した会社になると、希少リソースはお金ではなく人間になるので、利益を株主に還元しなければいけない理由が希薄になってくる。

キャピタリズム（資本主義）はこの先も有効なのか

この問題をさらに突き詰めて考えると、産業のコアが知識集約型にシフトしていったとき、資本主義というのがこれまで同様役に立つのかという、より根源的な問いにぶつかる。そういう意味では、ソフトバンクの今回のチャレンジは非常に面白い。そこでうまく折り合いがつけられるのか、それともアームの中から人がいなくなり、最後は雲散霧消してしまうのか。

その意味では、BtoBよりもBtoC企業のほうが、買ったときにブランド・エクイティがもれなく付いてくるから安全だ。たとえばリクルートも、中身を見れば人的資本だけで稼いでいる会社だが、BtoC的文脈においてはブランド価値が高いので、上場と相性が悪いわけではない。ただ、多くの会社でリアルキャピタル（お金）からナレッジキャピタル（知識資本）へと価値の源泉が移ってきたと口では言いつつ、ガバナンスの面では、相変わらずリアルキャピタルを中心とした株式会社方式を改める様子がないのはどういうことか。そのあたりも含めて、ソフトバンクの社会実験には注目している。

ただ、現実には、コンサルティングファームはいまだに非上場が一般的で、投資銀行も上場してしまうと純粋な投資銀行のままではいられなくなるという問題がある。株主のお金を集めてそれを公開している以上、使わずに放置しておくわけにもいかず、どんどん設備産業化してしまうのだ。だから、ゴールドマン・サックスもパートナーガバナンスの昔の姿とはかなり違ってきていて、バランスシートも重くなるし、設備依存型のゲームになってくる。要するに、普通の銀行っぽくなっていくのだ。

産学連携で人を育てる

先進国の産業では、リアルキャピタル（お金）からヒューマンキャピタル（人的資本）やナレッジキャピタル（知識資本）へ、価値の源泉が移りつつある。そして、ふと気がついたときには、最先端のナレッジキャピタルは米国の大学に集まってきていた。スタンフォードやカルテック（カリフォルニア工科大学）、ハーバード、MIT（マサチューセッツ工科大学）あたりが中心だ。

企業だと株主のプレッシャーがキツくて居心地が悪いので、優秀な頭脳の大学への集積が進んでいる。そこから時々起業して、うまくいったらM&Aで買ってもらって（エクジット：出口）、また大学に戻ってくる。そういう循環ができているのだ。

東京大学も産学連携に力を入れていて、日立やNEC、KDDIなどが東大とのコラボレーションを進め、東大発のベンチャーも、ミドリムシを原料にした食品やバイオ燃料の「ユーグレナ」、バイオ創薬の「ペプチドリーム」、グーグルに買収されたロボットベンチャーの「シャフト（SCHAFT）」をはじめ、２００社を超えている。流れは決して悪くないが、米国と比べるとその差は歴然だ。シリコンバレーのベンチャーが８０００メートル級のエベレストだとすると、日本のメーカーはまだ高尾山（標高約６００メートル）クラスではないか。

東大が日本の産学連携を牽引する

一方、国内に目を転じると、企業よりもむしろ東大のほうが数年先を行っている。たとえば、東京大学ＴＬＯ（旧先端科学技術インキュベーションセンター）が設立されたのはもう20年近く前の話だ。

当時はまだ大学が持つ知的財産を民間企業に橋渡しするＴＬＯ（Technology Licensing Organization：技術移転機関）がどこにもなかった時代で、私も創業に関わった人間の一人だが、まだ東大は独立行政法人化される前で、株式会社を持つことができなかった。そこで、中間法人的な形で、友人の東大先端科学技術研究センターの玉井克哉教授と、中央大学法科大学院の安念潤司教授の二人が身銭を切って出資して株を持つ形式で株式会社として立ち上げ、その後も試行錯誤を繰り返しながら、リクルート出身の山本貴史さんが社長に就任してから本格的に立ち上がっていった。

それと前後して、東大産学連携本部もでき、私の前任のスタンフォードビジネススクール同窓会長だった木村廣道特任教授の推薦などもあって、初代本部長の石川正俊教授の時代からずっと手伝ってきた経緯があるので、現在の産学協創推進本部のイノベーション推進部長・各務茂夫《かがみ》教授——ＢＣＧ（ボストンコンサルティンググループ）時代の私の少し先輩でコーポレイト ディレクションの立ち上げにともに参画した——もそうしたご縁で紹介した。

２００２年頃、その木村先生の講座の准教授ポストについて、東大が、経営の実務経験があってドクターの資格を持っている人がほしいという条件で人材を募集していて、「誰かいい人を紹介してくれないか」という話が私のところにも来た。日本のような終身雇用が当たり前の世界では、ドクターまで取得したらそのままアカデミズムで生きていくのが普通だし、ビジネスで生きていくにはマスターで十分なので、なかなか該当する人がいない。そんなとき、米国でEDM（Executive Doctor of Management）を取得してきた各務さんのことを思い出して連絡を取ったら、本人も乗り気になって応募してくれた。その結果、やがて各務さんは東大で産学連携活動が盛り上がっていく立役者の一人になるのである。

私自身も、大学を基盤とするベンチャーキャピタルとして我が国のさきがけであり、現社長の郷治友孝氏の下、ペプチドリームなど数多くの東大発ベンチャーを成功に導き、顕著な成功を収めている東京大学エッジキャピタルのシニア・アドバイザーを10年以上にわたりつとめている。

このようにもう20年近くも取り組んできているので、東大のほうが、産業界よりも先行しているのは間違いない。東大も大きな組織だからピンキリなのだが、東大のピン（最上位クラス）のほうの先進的な取り組みに、産業界からもピンの会社――日立やＮＥＣのように経営トップの感覚が冴えている会社――がようやく追いついてきたのである。

企業の中央研究所の機能を大学へ移管した

企業からすると、将来のメシの種を開発する、いわゆる「中央研究所」方式はもう持たないという問題がある。なぜかというと、オープンイノベーションの時代にクローズドな組織の中に中央研究所をつくっても、優秀な研究者をつなぎ止められないというのが一つ。もう一つの問題は、コーポレートガバナンス（企業統治）やキャピタルディシプリン（資本規律）が強くなり、短期的な成果を求めがちな投資家の声が大きくなると、10年後、20年後にようやく芽が出るような研究を企業の中でやること自体が難しくなる。だが、逆に言うと、そうした基礎研究は本来、社会の公共財とも言えるわけで、個別企業が閉じた世界で自らリスクを取ってやるよりも、むしろ大学や公的研究機関でやったほうがいいのである。

あれだけコーポレートガバナンスがうるさくて、株主のプレッシャーが強い米国で、なぜいまだに基礎研究が続けられるのかというと、１９８０年代から90年代にかけて、役割分担を変えていったからである。だから、AT&Tのベル研究所も、ゼロックスのパロアルト研究所も、IBMのワトソン研究所も役割を終えて縮小あるいは消えていったのだ。だいたい基礎研究で名を馳せたこうした企業の共通項は、じつは独禁法問題で米司法当局から目を付けられていた会社である。ある意味、独占のレントがあったから、基礎研究所を私企業が維持できたのだ。

米国では、私企業系の基礎研究所モデルが衰退すると、その代わり、そうした機能は全部スタンフォード大学などのトップ大学や公的研究機関へ移された。これはトレードオフでも何でもなく、米国は今でも基礎研究に強く、かつ、ベンチャーも多数輩出している。結果として、産業界と大学の研究機能がうまくつながり、産学連携が強化されたのである。

それまでは、米国でもクローズドな世界で基礎研究をやっていて、大企業の研究所に所属する研究者がノーベル賞を多数受賞していた。しかし、時代の流れには逆らえず、例えばAT&Tは結局、独占禁止法がらみで解体され、ベル研究所を維持できなくなる。一方、大学側も、企業が持つ研究開発機能を大学に移管することを望んでいたところがある。それによって大学の研究者の厚みは増すし、大学発のベンチャーも出てくるから、それがまた大学へのリターンとなって戻ってくる。企業は研究開発コストを下げ、成果だけを取り込めるようになり、大学は優秀な人材を確保し、収益力も高まる。ウィン・ウィンの関係が成り立ったのだ。

この構図は日本でも十分に再生産できるはずである。

世界からお金と頭脳を集めるスタンフォード大学

産業界から大学へ、基礎研究の舞台が移りつつある今の日本は、１９８０年代の米国の状況とよく似ている。その結果、国からの補助金が減り、民間の資金が入りやすくなっている。同じことは、米国でも起きた。

歴史をさかのぼれば、スタンフォードもかつては国からの委託研究で専ら《もっぱ》食べていた。ところが、私がＭＢＡ取得のために留学していたときに、大スキャンダルが起きた。軍事研究をはじめとした公的研究は、一定の割合でオーバーヘッド（間接経費）比率を乗せて国に請求できる仕組みになっていて、その中に学長のヨット代が入っていたということで、大問題になったのだ。当時は景気も悪く、政府の財政にも余裕がなかったから、公的資金がどんどん削減され、大学側もそれを補うべく、必死になって民間資金の導入に動いたという経緯がある。

１９９０年当時は、今と違って、スタンフォードには全然お金がなかった。１９８９年のロマ・プリータ地震のときに被害を受けた有名なメモリアルチャーチも、修復費用がなくてしばらく閉鎖されたままだった。それから25年、今やスタンフォードは世界一寄付金を集め、独自財源もたくさん持っている超お金持ち大学になった。

その意味で、日本の大学が差をつけられたのは、実は、この四半世紀の話なのだ。１９９０年頃の東大から見れば、スタンフォードの背中くらいは見えていた。今の東大は、タイムズ・ハイヤー・エデュケーション（ＴＨＥ）の最新の大学ランキングで39位。シンガポール国立大や中国の北京大にも大きく水を開けられている。

基礎研究と実用化は〝車の両輪〟

日本の大学は今、二つのことを同時に追求することが求められている。一つは、学術的で学理的な基礎研究をきちんとやること。大学がもともと持っていた機能をさらに強化する必要がある。もう一つは、ＰＯＣ（Proof Of Concept：概念実証）。プロトタイプ作成の前段階とされ、コンセプトが実現可能かどうかを実証することだ。実現可能性という

〝魔の川〟を越えていかないと、実用化には至らない。基礎研究とPOCのどちらか一方だけではダメで、両方追求しなければいけないのだ。

この二つをトレードオフの関係だと思っている人は多いが、そんなことはまったくなくて、強い大学はどちらも強い。それが世界の趨勢なのだ。

国の財政が弱くなってきて、補助金が削られたら、大学は自分で稼ぐ力を強化するしかない。使途を限定されない大学運営費交付金とは違って、個人単位で支給される補助金（いわゆる科研費）には使途が明確に決まっていて、勝手に流用することは許されないが、自分で稼いだお金を何に使おうが自由だ。だから自分で稼ぐ力を高めて、それを基礎研究に回せばいいのである。

オートファジーの研究で2016年のノーベル医学・生理学賞を受賞した東工大の大隅良典栄誉教授は、使途が限定されない交付金（大学運営費交付金）が削減される一方、競争的資金である科研費が増えてきたことで、実用化にすぐには結びつかない基礎研究がおろそかになると警鐘を鳴らしている。しかし、国の財政が厳しくて投資を絞ろうというときに、いつまでも国をあてにしているだけでは問題は解決しない。だからこそ、大学が自分で稼ぐ必要があるのだ。少なくとも、米国の大学にはそれができた。スタンフォードやMITは、色々な方法でしっかり稼いでいるから、基礎研究もリベラルアーツも充実しているのだ。

企業が自社で抱えきれなくなった基礎研究部門を東大や京大、東工大に移管することで、大学も活性化するし、大学が自ら稼げるようになれば、優秀な人材を集めることができる。基礎か実用か、アカデミズムかビジネスかのトレードオフではなく、どちらも追求するのが正解なのだ。

企業からすると、大学と連携して研究開発を進めれば、それ自体がオープンイノベーションの実践となる。だから、日立が先陣を切って東大と組んだのはよくわかる。日立は現在、ものすごい勢いで社内改革を進めているからだ。

基礎研究と社会実装を行き来する「スパイラルアップ」の時代

現在の中心的なテーマであるＡＩやＩｏＴといった開発領域は、基礎研究があって応用があって開発して、という連続的・直線的な変化が起きにくい分野であることも、産学連携の機運を高めている。リニア（直線）というより、基礎と応用と社会実装のスパイラル（螺旋）をグルグル回りながら実証していくイメージだ。

というのも、ＡＩがうまくワークするかどうかは、実験室の中だけでは確かめられないからだ。結局、社会に実験場を求めるしかない。社会実装してみないことには、自分の研究が正しいかどうかがわからないのである。そのため、最初から産学連携で仕事をしたほうが基礎研究にとってもプラスになる。

しかし、ここが日本はまだきわめて弱い。頭の中がみんなリニアになっているからだ。まず〝魔の川（基礎研究と実用化の間に横たわる壁）〟を越え、〝死の谷（実用化と製品化の間に横たわる壁）〟を越え、〝ダーウィンの海（製品が市場で生き残るための壁）〟を越えてという直線的な変化ではなく、その間を行ったり来たりしながら、スパイラル状に研究開発を進める必要がある。だから、最初から一緒にやったほうが早いのだ。

大学が自ら稼ぐ組織に変貌を遂げる

今の五神《ごのかみ》真東大総長も、東大の学理研究力を高めるためには、むしろ東大自身が稼ぐ力を高めなければいけないと考えているようだ。実際に東大の収益力は上がっている。もともと競争的資金は研究室の競争力の高い東大に集まりやすく、他校よりも多く持っていってしまう傾向があるのだが、競争的資金は川中型（基礎と応用の中間）から川下型（応用、実用化）が多く、川上（基礎研究、学理研究）に行くほどなじまない。ミッションがはっきりしないからだ。だからここは運営費交付金の削減が響くので、大学自身が稼ぐ力を高めていかないと、なかなか基礎研究に資金を投入できなくなる。

繰り返しになるが、これはトレードオフではなく、むしろ相乗効果で高めていく話であって、基礎研究と応用研究は相互補完的なので、稼げるところでしっかり稼ごうという方向に、今の東大は完全にシフトしている。東大発ベンチャーが200社を超え、時価総額が1兆円に達したという事実を東大産学連携本部が発表したのが、2015年のことである。

大学発ベンチャーの時価総額が1兆円を超えている大学は世界的に見ても少ないはずだ。ちゃんとした統計はないが、おそらく世界トップテン入りしているのではないか。アルファベット（グーグルの持株会社）一社で60兆円にもなってしまうので、スタンフォードが飛び抜けているのは言うまでもないが、時価総額1兆円を超える大学は、米国でも両手の指に足りないくらいしかないはずだ。

一方、日本を見ると、東大の1兆円の次は数百億円になってしまう。スタンフォードが8000メートル級のエベレスト、東大が富士山（標高3776メートル）とすると、次点は高尾山（標高約600メートル）クラスだろうか。日本のメーカー各社もこと産学連携に関しては平均値は高尾山レベルだ。ということは、いかに企業も遅れているかということでもある。企業側の人の多くも意外にこの事実に気づいていない。

東大発ベンチャーが世の中を変える

世界の大学ランキングにおける東大の位置が年々下がってきて、東大もレベルが落ちたと言われるのだが、東大のトップ・オブ・トップの上澄みのレベルはほとんど変わっていない。東大が産学連携をリードし、多数のベンチャーを輩出していることが、それを証明している。しかし、平均的な東大生のレベルは昔と比べて、たぶん下がってきた。少子高齢化で子どもの数が減っているから当然だ。しかし、ＡＩやＩｏＴのような破壊的イノベーションの議論をしているときに、残念ながら、平均的な東大生はあまり関係ない。トップ・オブ・トップの人たちが新しい世界を生み出していくからだ。

スタンフォードでも事情は同じで、世界中から人材を集めているといっても、本当に優秀なのは上位数％だけ。トップ・オブ・トップのビジネススクールでも、私が「こいつはすごい」「絶対にかなわない」と感じたのは上位数％しかいない。

例えば、東大生の中でもトップクラスの学生たち（典型的なのはＡＩやロボティクスなど理系のトップクラスの研究室に在籍している大学院生）は、すでに完全にモードが切り替わっていて、今後はますます普通の大企業には就職しなくなるだろう。トップティア（超一流）ほど、自分でスタートアップを立ち上げたり、面白そうなベンチャーを選んだりする傾向が強くなる。東大発のＡＩベンチャー「プリファードネットワークス（ＰＦ

N）」やロボットベンチャー「MUJIN」が典型だ。要は、MITやスタンフォードと同じ状況になりつつあるのである。

だから、日立が東大と組んで研究しているといっても、日立側がそこからどんどん人を採用して、相当魅力的な会社に変わっていかないと、東大の人材と日立の人間の差がつきすぎて、10年後、20年後には相手にされなくなってしまうかもしれない。

東大のエリートから見ても、PFNやMUJINはオシャレに見えるのだが、ゲーム屋さんはイケてない世界に転落しつつある。多少お金になっても、どう世の中の役に立っているのか見えにくい「Cの世界」のチャレンジは、魅力的に映らなくなっているのだ。スマホ向けのアプリを見て、「こんなクソアプリ、ひと晩でつくれるよ」、と平気で言ってしまうような、本当に優秀な学生たちが、もっともっと「Sの世界」の本格的な技術系スタートアップに行くようになれば、世界はだんだん変わってくる。各務さんは、この2、3年でかなり世界が変わったと言っていた。

東大のトップティアはスタートアップ志向に

同じ東大でも、まず理系優位は間違いない。文系はだいぶ劣位で、文Iの没落がかなり激しい。理系は当然大学院に行くので、その中でいちばん優秀な人たちのスタートアップ志向がすごく強くなっている。

ポテンシャルという意味であえてランク付けすると、東大からスタンフォードやＭＩＴに進んでPh.D.を取りながらスタートアップも立ち上げてしまうような人たちを頂点に、理系の研究室で学業とスタートアップを両立してしまうような人たちがトップティア。彼らにとっては、グーグルやアップル、アマゾンでさえもはや「古くて大きな」会社で、必ずしも魅力的に映っていないようだ。弊社（ＩＧＰＩ）やマッキンゼー、ＢＣＧを受けに来るのは、その次の人たちが多い。それでも超優秀だが、モラトリアムでとりあえずコンサルティングファームに入ってビジネスについて勉強しておこうかという感じの学生もいる（弊社としてはそういう若者も大歓迎！）。一部は、商社志望やリクルート社志望、中央エリート官庁志望の人が重なる。

誰もが知っている銀行やメーカーなどに入っていくのは、さらにその次の人たちだ。残念ながら、経団連や経済同友会の加盟企業の多くには、今や東大のトップティアはほとんど行かない。

時々「最近の大学生は、東大卒も含めてレベルが落ちた」とか「就職活動の解禁時期が早くなったせいで、最近は東大生もあまり勉強していない」とか財界のお偉いさんが言っているのを聞くが、それは明らかに間違いで、ダサい日本の大企業を受けに行くのはイマイチな東大生が多いというのが実態なのだ。

中にはこの辺の事情をよく分かっている、ある意味〝冴えてる〟経営者もいて、「うちにはそんなすごいヤツは来ないよ、来るわけないじゃん」と言っていた。誰がどう考えてもそうなのだ。来てくれないから、産学連携して、大学の優秀な頭脳を拝借しようとしているのだ。ある意味、シーソーはもう倒れている。

しかし、世界的に見ればむしろそれが当たり前で、今までの日本が異常なのだ。東大を出た人が猫も杓子《しゃくし》も大企業に行ったのは、それ以外に選択肢がなかった途上国時代の発想で、先進国になったのに、いちばん優秀な人がいちばん古くて、いちばん融通の利かない会社に入るのなんて、ダサすぎて話にならない。その超ダサい状況から少しずつ脱却しつつあるので、個人的にはいい傾向だと感じている。

カーネギーメロン→オックスフォードの若きグローバルエリート学生が見ている風景

パラダイムシフトの最前線の風景、一般の人からは何だか象牙の塔の神秘的空間で行われているかに見えるAI開発の世界を身近に実感してもらうために、オックスフォード大学でディープラーニング研究と最先端のAI開発に取り組んでいる川上和也氏による、自らの日常的な研究活動風景を描いた以下のレポートを、是非読んでもらいたい。次世代を担うグローバルエリートが目撃している最先端の世界がここには描かれている。

「テクノロジーの進化は想像以上に早い。ディープラーニングと呼ばれるアルゴリズムが登場し、人工知能ブームが盛り上がりはじめた2014年、私はアメリカはピッツバーグにあるカーネギーメロン大学の修士課程に入学し、ディープラーニングをつかった言語処理の研究をはじめた。

ディープラーニングは当時から注目されてはいたものの、まだ萌芽《ほうが》的な段階で、画像認識や音声認識に使われるものにすぎなかった。一部では、大したことがない、という研究者すらいた。それが今では囲碁でプロ棋士を破るまでに成長し、難しいと言われつづけた日英翻訳もディープラーニングが搭載されたシステムでは想像をはるかに超えた性能になっている。少し街に出かけようとピッツバーグでウーバーを呼ぶと自動運転タクシーが迎えに来る。10年先だと思っていた世界がたったの2年で実現された。

大学では、指導教官がベンチャーを設立し、1年もしないうちに売却。さらに大学から離れて人工知能の最先端、グーグル・ディープ・マインドに移籍した。博士まで続けようと話していた私には寝耳に水で、一緒にイギリスに移って、オックスフォード大学の博士課程に入学することになった。こんなことは珍しい例ではない。隣の研究室はまるごとアマゾンに買収され、いつも一緒に研究していたはずの同僚はオフィスに来なくなった。企業にいってしまった人材を補填《ほてん》するために引き抜いたはずの新しい教授は着任後1ヵ月もたたないうちにアップルの人工知能研究所の所長に就任。ピッツバーグとシリコンバレーの両方に拠点をもつという。日本ではニュースにならない出来事が、確実に業界を動かしている。こうしているうちにも名前も知らないスタートアップがステルスモードで虎視眈々と市場を狙っていると思うとうかうかしていられない。

これだけのスピード感が生まれる理由は、人工知能技術とビジネスの近さにある。もともと、グーグルやフェイスブックでは人工知能をつかった検索や広告配信の性能が収益に直結するというビジネスモデルをもっている。検索や広告のアルゴリズムはいつでも切り替えられるので、新しいアルゴリズムをどんどん試して、うまくいくものはすぐに製品に投入される。そんな素早いリターンの構造があるからこそ、ベンチャーの買収やアカデミアからの人材獲得もスピード感をもって進めることができる。さらに、優秀なエンジニアを囲い込むための広告としてディープマインドのような研究組織をもっていて、ひとり数千万円の高額な年俸を払いながらもビジネスに直結しない研究を許容している。おそらく囲碁を解く人工知能をビジネスにしようとは思っていないはずだ。

一方、日本の多くの企業の強みは、高機能製品の開発とその品質を担保する製造プロセスにある。製品の機能を毎日取り替えることはできないし、物流や製造ラインを人工知能で最適化するとしても、ネットのアルゴリズムのように気軽に変更していては現場のオペレーションが回らなくなる。こういった理由から、現時点では人工知能がビジネスに与える影響が小さく、ビジネス界の需要より前に『アメリカにやられてはいけない』『人工知能は科学的に重要だ』『脳の仕組みを解明する』というアカデミアの声があがった。結果として、ビジネスリターンを設計しない形で税金が投入されて、国立の人工知能研究所ができ、アカデミアが業界を引っ張るダイナミクスができている。

今の状況をフランクに書いてみれば、日本が、『アメリカに負けてはいけない』『日本独自の人工知能』となっているところ、アメリカのほうはオールアメリカでもなんでもなく、各社が『うちの会社もうからないかな』『アメリカ独自の人工知能？　独自でもなんでもいいけど、今のより性能はいいのかね』という感じではないだろうか。

この業界で大きく遅れをとっている日本が、いま持っている『ものづくり』や『すり合わせ』をもって、すなわち勝機とするのは楽観的すぎるように感じる。いまある技術と人工知能を組み合わせて、グーグルやフェイスブックがもつようなビジネスの成長サイクルが描けた時に初めて勝機が生まれる。たとえば、日本の熟練職人の技術があるから、これを人工知能に学習させれば勝機がある、というのでは到底実現しない。いまの技術でどのくらいのものができるのか、実現にかかるコストはどのくらいなのか、どのくらいのインパクトがあるのか、こういう計算がぴったりとあう状況ができたとき、初めて勝機がでてくる。

そんな勝機をつくるのはそう簡単ではない。実際、米国の数ある人工知能スタートアップに目を向けてみても、その会社単体でうまくビジネスがまわって大きくなった、という例はみたことがない。多くのスタートアップが華々しく買収されていくものの、どれも自社ビジネスを成功させる前に検索、ソーシャルメディア、広告、小売、金融、保険といったソフトウェアに近い大手企業に人材目的で買収され、ブレインとして活躍している。

本気で新しいビジネスを考えるときにできるのは、ビジネスと技術の両方について考えることしかない。ビジネス側から技術について考えるとき、アルゴリズムがどんなものかは関係ない。脳の仕組みに似ていたとしても、それはなぜ技術がすごいかのぼんやりとした理由付けでしかなく、実際には他の技術でできないことができる、他の技術より精度が高くできるかどうかにはじまり、どのくらいのコストがかかるか、代替方法はないか、そういったことが重要なのだ（シンギュラリティよりはずっと）。一方、技術側はビジネスについて思いをめぐらせる必要がある。たとえいいアルゴリズムができたとしても、それを店舗に導入するために高価なコンピュータと、それを動かす特別な電源が必要となれば実現性は大きくさがる。

こうした技術とビジネスの理解は、製品のどこにどんな技術を使うかを考える際にも重要だ。たとえば、『アップルの Siriにはディープラーニングが使われている』といったときに、Siri 全体がディープラーニングでできているかというとそうではない。人間の声を文字にする音声認識のところにだけディープラーニングがはいっている。逆に文字になったあとの質疑応答は古くからある技術でできている。膨大な過去データがある音声認識はディープラーニングと相性がいいからそこは使う、ただ、定型文で応答すればいいときにはルールベースの古い人工知能をつかう。こういった見極めができるかどうかで大きく差がついてくる。

人工知能のポテンシャルはまだまだこんなものではない。今後も大手テック企業がその可能性を広げていくだろう。自分がその中心に飛び込むには、新しい技術の開発とそれにあったビジネスモデルをつくるしかない。まだまだ始まったばかりだ」

以上のレポートから読者の皆さんはどんな感想を持っただろうか。これから起きることが、どんな若者たちのどんな発想や活動から生まれてくるのか、なんとなく未来に対する親近感と直感をつかめるのではないだろうか。

第4章

AI時代のリーダー像・働き方

分断される「Gの世界」と「Lの世界」

デジタル革命と同じ時期に世界中を飲み込んできたのが、グローバリゼーションの大波だ。特に1989年のベルリンの壁崩壊以降、西側世界の市場経済が旧共産圏をも覆い尽くし、地球全体が文字通りグローバル化した。

しかし、今は、グローバリゼーション(G)とローカリゼーション(L)の力が両方とも働いている。今まではどちらか一方だけだったのが、両方同時に働くようになったというのが正しい現状認識だ。

グローバルに展開している日本の企業から見れば、どんどん現地化が進んでいる。グローバル化していると思ったら、行った先々ではローカル化して現地生産が増えてきた。その結果、貿易量が減ってきているのだ。

たとえば、日本国内で販売している白物家電も、一時は海外生産したものを逆輸入していたが、今はまた国内に生産拠点を戻している。そういう流れになっているので、グローバリゼーション一辺倒というモードではなくなってきているのだ。

昔のサラリーマンが海外で活躍できた理由

そもそも、ローカリゼーションというのは、すべての場所で分散的、拡散的に起きるわけだから、日本から見たグローバリゼーションは、現地から見たらローカリゼーションである。だから、実は同じことの表と裏にすぎないのだ。

その結果、日本の大企業のサラリーマンが海外赴任して活躍できる可能性は、どんどん狭まってきている。広がると思っている人が多いかもしれないが、ローカル化して時間が経てば、現地のレベルが上がってくるので、平均的な日本人が行っても役に立たないのだ。

昔は日本の生産技術を現地に持っていくだけで役に立ったかもしれないが、今はそんなことは世界中どこでもやっているので、向こうからするとお呼びではない。もっとレベルの高い人を連れてこい、という話になってしまうのだ。

結局、グローバルなフィールドで戦える人というのは、テニスだったら錦織圭、ゴルフだったら松山英樹しかいないのだ。昔は日本のゴルフツアーでトップ5くらいの実力があれば、運がよければマスターズでもトップ10入りを果たせたかもしれないが、今はほとんど予選落ち。世界との差は広がる一方で、グローバルな世界で活躍するときのハードルは、どんどん上がっているのである。

ひと握りの世界選抜以外はローカルに居場所を見つける

グローバル企業としては、グローバル化とローカル化の合わせ技でグローカリゼーション型になって行かざるを得ないので、その中で日本人のサラリーマンが生きていこうと思えば、思いきりレベルを上げて、本気で錦織、松山を目指すくらい腹をくくらないと、中途半端に英語ができるくらいでは用はないという世界がある。

自分はそこには行けないという人は、わざわざグローバルな競争社会に身をさらすよりも、ローカルな世界で自分の居場所を探していたほうが幸せな人生になると私は思う。企業の雇用体系上も、この二つを同列に扱う意味はない。一国二制度でやらないと、みんな不幸になってしまうのだ。

錦織、松山を目指す人のライバルは日本人ではなくて、まさに世界選手権。テニスのATPツアーも、ゴルフのPGAツアーも、参加している人たちの人種も国籍もバラバラだ。米国女子のLPGAツアーに至っては、上位に米国人がほとんどいない状況になっている。そういうすさまじい世界だから、そこで本当に通用する人がどのくらいいるかというと、ものすごく数が少なくなってしまう。だから、グローバル化が進むほど、日本人が海外で活躍する機会が減るという逆説的なことが起きるのだ。

それだけ希少な人材だから、少し給料を高くするくらいでは出て行ってしまうかもしれないし、企業同士の取り合いに勝たないと雇うことさえ難しい。このクラスの人たちは、平気で会社を移動する。

米国の会社から中国企業に移る米国人もいれば、ギル・プラットみたいにDARPA（米国防高等研究計画局）からトヨタのTRIに来る人もいるし、シェリル・サンドバーグのように米国財務省、グーグルを経てフェイスブックのCOOになる人間もいる。逆もまたあり得る話で、たとえばホンダのロボット研究のトップエンジニアがグーグルやアップルに引き抜かれるかもしれない。もうそういう世界になっているから、それをけしからんと言ってもしょうがない。

トランプ大統領になっても、ここは変わらない。いくら米国民に仕事をもたらすといっても、来年から全米オープンは米国人選手だけで開催します、という話にはならないのだ。結局、グローバリゼーションはより一層グローバリゼーションになっていくし、ローカリゼーションも、ある意味ではよりローカリゼーションになっていくので、そこに会社としてきちんと適応できるかどうかの勝負になる。

国の経済の7、8割はローカルな産業が占める

ローカルで生きていくと決めれば、活躍する場は実はいくらでもある。どの国でも経済の7割はローカルな産業が占めている。米国では8割くらい。ローカル産業のほうが圧倒的に大きいのだ。しかも、先進国においては、その割合が増えている。ローカルな地域密着型の企業、産業クラスターはものすごく大きいので、国内で活躍する場はどんどん広がっているのである。

たとえば、観光業は、英語ができる人にとっては狙い目だ。観光客は向こうから来てくれるし、話す英語も日常会話レベルで十分だ。

よく英語でガンガン討論できなければダメだと言われるが、現実にそういう機会がある日本人がどれだけいるというのか。ハーバードのカンファレンスでネイティブ相手に丁々発止のディスカッションをしなければいけないような人は、たしかにそれだけの英語力が必要だが、普通の日本人には、そこまでの英語力は最初から期待されていない。

そういう人でも十分活躍できるような産業領域が、むしろ国内に広がってきているのだから、そこで経営者なり、経営をサポートする人間として生きていくほうが、はるかに成功する可能性が高い。そういうところには、立派な学歴の人はほとんどいないことも、ローカルで働くことをおすすめする理由の一つである。

同じグローバル企業でも、営業やメンテナンスというのは完全にローカルの世界だ。社員数でいえば、国内に関してはそちらのほうが人数は多いのではないか。日本の輸出メーカーは、工場に行ってもほとんど人がいない。産業用ロボットが動いているだけで、そのロボットのメンテナンスを人がやっている。

真のグローバル人材を目指すには

自分の生き方のゴールをどこに設定するのかがすごく大事になってきた。業種や職種による違いもあるが、もう一つの大きな軸として、グローバルなゴールを目指すのか、ローカルな世界の中に生きがいを見出すのか。自分なりに考えて決める必要がある。ローカルな世界で生きていくと決めてしまえば、高いお金を払ってベルリッツに通う必要はなくなる。

米国社会に進出する優秀な中国人

グローバル人材を目指すのであれば、チャンスがあったら中学や高校段階から留学をするなど、かなり若いときから海外に出ていく必要がある。米国の大学で、中国人のプレゼンスが上がっているのは、人数が多いからでもある。ある程度成功した中国人は、子どもたちをどんどん米国に送り込んでいる。グローバル競争で生き残るということは、そういう人たちと同じ土俵に乗るということだ。

大英帝国時代のイギリスはローマ帝国の手法を学んでいたので、植民地の支配層を留学で受け入れて、頭の中を大英帝国の価値観に染めて、イギリス好きになって帰ってもらっていたそうだ。それはどちらかというと帝国主義の産物で、シンガポール建国の父のリー・クアンユーや、ミャンマー民主化運動の指導者アウン・サン・スー・チーは、そうした時代に教育を受けている。

今はもっと拡散的なグローバリゼーションの時代だから、特に中国本土のチャイニーズは明らかに一族としてのリスクヘッジの一環として外国の大学で学位を取らせている。また、自分の国が必ずしも住み心地がいいわけではないし、政権が変わるとそれまでOKだった会社が急にダメということにもなりかねない。資産を没収されたり、収監されたり、死刑になったりするかもしれないので、そういう不安定さに備えるという意味もあるだろう。

米国社会は基本的に、優秀で、お金があって、英語が流暢《りゅうちょう》であれば、階級上昇は容易だから、中国人はこぞって米国の大学に行かせる。そこまでいかなかったら、東京大学を目指したりするのだ。

ビジネス界の錦織圭、松山英樹を目指す覚悟はあるか

ところが、日本の場合は社会が比較的安定しているので、切迫感がほとんどない。あるとすれば、地震のような自然災害だけで、日常的な生活ストレスもほとんどない。いい意味でのアンビション、自分が世界で活躍したいという野心がないと、わざわざそんな競争社会に足を踏み入れる必然性がなくなってしまう。

商社などで自分が若い頃、海外で活躍したという自負がある人ほど、「イマドキの若い人は」と苦言を呈したりするのだが、非常にナンセンスで、「あなたの頃は日本全体が貧しかったでしょう」と言い返せばいい。貧しくて、公害もひどかったし、昔の日本は全然いい時代ではなかったから、少しでも豊かになろうと思えば、海外を目指すほうが手っ取り早かった。加工貿易立国で、海外に行って石炭を持ってきたり、鉄鉱石を持ってきたりすれば盛り上がる。私の父親がそうだったからよくわかるのだが、原材料や富を求めてインドでもどこでも行ってやろうという機運があった。

しかし、今はそういう時代ではないし、当時、海外に行っていたレベルの人たちの大半は、今はお呼びではないということもある。先ほど述べたように、ローカル人材のレベルが上がって、並の日本人では役に立たなくなっているからだ。その昔、米国のケンタッキーで自動車工場を立ち上げるとなったら、みんなで一斉に教えに行った。当時は彼らが持

っている知識やノウハウに価値があったからだ。しかし、今はそうではない。世界がだいぶ変わってしまったのだ。

逆に言うと、そういう時代だからこそ、グローバルに活躍しようという意思を持っていることは重要で、それは大いにエンカレッジ（推奨）されていい。ただ、思いだけではダメなので、行動する必要がある。

今の時代、情報は国内にいてもだいたい入手できる。だから、アクションとして海外に出ていかないと始まらない。国内の大会に出ているだけでは、錦織圭や松山英樹にはなれないのだ。

新興国でも事情は同じで、テニスで言えば、上海マスターズのほうが国内の楽天オープンよりもグレードが高いのだ。上海はATPワールドツアー・マスターズ1000で、グランドスラムに次ぐ規格なのに対して、楽天オープンはその下のランクのATPワールドツアー・500シリーズに含まれる。

IT系では中国のほうがレベルの高い戦いをしているので、日本は先進国だから安泰だというのはナンセンスだ。特にトップ人材については、国ごとに人材市場があるのではなく、一つのマーケットになっているので、北米&チャイナリーグが一軍で、日本リーグは二軍扱いである。グローバルで活躍するということは、日本リーグを抜け出して、世界一流のトップレベルのリーグ戦に参加するということなのだ。

そういう世界だから、あまり年齢を重ねてからチャレンジしようと思っても、「君、何しに来たの?」と言われてしまう。若いうちから、世界に触れる必要がある。

MIT、ハーバードの修士以上を

グローバル人材が求められているのは、日本で言うと、自動車やエレクトロニクスなどのグローバル産業である。逆に、日本の金融はダメだ。日本の金融機関はトップリーグに入っていないからだ。

金融の世界でグローバル・トッププレイヤーに行きたいのであれば、世界最大の資産運用会社「ブラックロック(BlackRock)」か、投資ファンドの「ブラックストーン・グループ(The Blackstone Group)」あたりが最新の王様で、ゴールドマン・サックスやモルガン・スタンレーは老舗の王様だ。

このレベルになると、学歴的に大卒(学士)というのはあり得ない。ほとんど修士で、かなりの割合でPh.D.がいる。東大のPh.D.だとあまり認知されないので、MITやハーバードに頑張って通うことになる。世界選抜の戦いなので、それくらいハードルが高いということだ。自分がダメなら、子どもに託すのも一つの手かもしれない。もちろん、子どもにその方面の才能があるかどうかを見極めるのは、親の大切な役割だ。そうしないと、子どもがかわいそうなことになってしまう。

一般の日本人にとっては、少し縁遠い話になってしまうかもしれないが、実は、普通の米国人にとってもグローバル・トッププレイヤーにリアリティはないのだ。むしろ、不動産王のほうが身近な感じがする。トランプを見て、自分でもなれるかもしれないと思うのだ。

そういう現実があるので、本気でグローバル・トッププレイヤーを目指すなら、そういう世界にどこまで近づけるのか、それ相応の覚悟と準備が欠かせない。誰もがイチローになれるわけではないのである。ロールモデルは、イチローや錦織や松山だ。プロスポーツと医療分野では、グローバルに活躍している日本人はけっこういる。

世界のバイオ業界で活躍する日本人

ビジネス界でグローバルエリートと言える日本人は、残念ながらあまり思い浮かばないが、ジェネンテックの金子恭規さんはそうだと思う。シリコンバレーでバイオテクノロジーにフォーカスしたトップティアのベンチャーキャピタルを経営し、スタンフォードビジネススクールの経営諮問委員も務めている。本当に成功した人は日本に帰ってこないので、日本ではあまり知られていないかもしれない。

エスタブリッシュメントの世界でその域まで行ってから、自分から身を引いてベンチャーモデルで挑戦を始めたのは、マネックスグループの松本大さん。ゴールドマン・サックスの最年少パートナーだった。

買収によってそのポジションに近づいているのが、ソフトバンクの孫正義社長である。実は思い切りドメスティックな免許制の規制産業（携帯電話）で儲けて、そのお金で海外の会社を買収してグローバルエリートになってしまおうというのが孫さんのやり方だ。とはいえ、孫さんもUCバークレー（カリフォルニア大学バークレー校）を出ているので、それは孫さんなりに考えたのではないかと思う。日本の学歴で世界に打って出るのはなかなか難しいのだ。

米国は実力社会と思われるかもしれないが、実は、学歴にかなりうるさい社会である。誰もが知っている天才は別として、それなりの学歴がないと、会ってもくれない。クレデンシャル（資格証明書）を見て、日本の大学卒だと、なかなか会ってもらえない。向こうの立場で考えると、どうしてもそうなってしまう。

そういう世界だから、20代からリーグ戦に参加しないと間に合わない。たとえば、先ほど名前の出た金子恭規さんは、慶應の医学部を卒業してすぐにスタンフォードのビジネススクールへ行って、卒業してすぐ創業期のジェネンテックに入社している。20代半ばからシリコンバレーにいて、ご本人曰く、「英語はへたっぴだったし、ビジネススクールでもまったく優等生ではなかったけれども、ちょうどバイオ・インダストリーの草創期のいちばん源流の会社にポコンと迷い込んでみた」そうだ。創業者のボブ・スワンソンに気に入られ、そこで実績をあげ、それから10年、20年かけて、あの世界で次から次へと伝説的なベンチャーを作っていった。

そういうモードになっていることが重要で、サラリーマンとして成功してから急にハーバードに留学してグローバリゼーションといってみても、向こうから見たら、たぶんピンと来ない。グローバルエリートというからには、日本企業ではなく、欧米企業のＣＥＯとして声がかかるくらいでなければ、おそらくリーグに参加したことにならないのではないか。

欧米企業のＣＥＯ候補者リスト

ＣＥＯ選考委員会で、世界中からトップクラスのマネジメントの候補を探す。そのときに候補者リストに名前が載るかどうか。２００７年に産業再生機構を終えたとき、私の名前もいくつかのグローバル企業や巨大ＰＥファンドのリストに一瞬、載ったかもしれないが、人に雇われるのが嫌だったのと、日本の経済社会においてどうしてもやりたいことがまだあったので、自分たちの会社を立ち上げてしまった。例えば産業再生機構時代のカウンターパート（交渉相手）がトランプ大統領のもと商務長官となるウィルバー・ロスだったし、世界的にも注目されていたプロジェクトだったので、それなりの知名度はあったはずだ。

実は、32歳でスタンフォードを卒業するときに、金子さんからテュラリックという後に伝説的な成功を収めるバイオベンチャーに誘われた。カリフォルニア大学で画期的な発明・発見があって、それをベースに立ち上げる超有望なベンチャーだったのだが、そのとき私が所属していたＣＤＩ（コーポレイト ディレクション）側の事情で、帰らざるを得なくなって帰ってきたのだ。

そういうキャリアを積んでいく人が増えていくことが大事であり、ＡＴＰツアーにチャレンジする人が増えないと、次の錦織は出てこない。競争はたしかに厳しいが、そこに行かなければ始まらない。一人でも多くの人がチャレンジすることは大事だと思う。

親の立場で言うと、もし経済的・時間的余裕があるなら、早い時期から留学させるなどして、本人がその気になったときにチャレンジできる下地を作っておくことはできるはずだ。結果として、やるやらないは本人が選べばいいことだ。本人も自分なりに世界の中の自分の立ち位置を見極めていくはずだからである。

そもそもみんなが「グローバル人材」を目指す必要はあるか

ここまで若い世代へのエールという気持ちも込めて「真のグローバル人材」について書いてきた。しかし、冷静に考えてみると、グローバルな競争の舞台、あるいはグローバル競争を主戦場にしているビジネスで成功するためのハードルは、メチャクチャ高くなっている中、皆がその道をひたすら目指すと、下手をすると死屍累々《ししるいるい》の世界を作ることになってしまわないか、という懸念がどうしても頭をもたげてくる。

ここ数十年、「グローバル化」がキーワードになってから、この国の教育や人材育成は、「グローバル人材」になれないと生き残れない、あるいは二流の人生しか送れないかのような強迫観念に追い立てられてきた感がある。私もかつては同じような思い込みに取りつかれている部分があった。

しかし、産業再生機構時代に地域のバス会社、物流会社、旅館、スーパーマーケットなど、ローカル経済圏で活動している企業の再生やそこに生きる人々と深いかかわりを持つようになって、この強迫観念に大きな疑問を持つようになった。ローカルな世界にはローカルな価値観があり、ローカルな一流があり、生きがいや幸福がある。どの国に行っても、いわゆるグローバル化が進展しても、生身の人間は地域に住み、日常の生活基盤はローカルな経済社会圏である。そして、前にも触れたように、先進国ほどローカル型の産業、企業で働いている人はむしろどんどん増えている。

そういう人々は、じつは英語力などグローバル化の必須科目とはほとんど関係のない人生を送っているし、今後、そこにインバウンドの顧客が海外からたくさん入ってきても、今の勢いで翻訳ＡＩが発達すると、インバウンド対応上も外国語をわざわざ苦労して習得する必要性はなくなるかもしれないのだ。ますます「さらば強迫観念」である。

デジタル革命の時代、一方で真に世界の頂点を目指す「グローバル人材」候補たちがもっとたくさん生まれてくるよう、彼ら彼女らを「凧たこあがれ、天まで上がれ」と応援する仕組みを強化することは必要だが、他方でローカルな世界、ローカルな生き方を、それと同等以上の意味づけをもって応援していくことが、これからのデジタル革命第三期、すなわちデジタル革命の「リアル・フィジカル」ステージにおいては重要になっていくのだ。

ＡＩ時代に残る仕事、なくなる仕事

第1章で、ＡＩは人間の苦手なところから置き換わっていくと述べた。人間の脳は、同じことを緻密に繰り返すことは得意ではない。逆に、機械はそれが得意中の得意で、飽きるということがないから、月曜日の9時から金曜日の夕方5時まで、あるいは24時間365日、まったく変わらないパフォーマンスを発揮することが出来る。

それをみなさんの日々の仕事に当てはめてみると、たとえば会計士や経理の仕事はかなり減る。杓子定規にやることが大事だからだ。営業でも、伝票処理などをやっている人たちの仕事はなくなるだろう。製造現場から機械的作業が減ったのと同じことが、今度は知的作業の世界で起きる。

意外となくならないのは、税理士。なぜかというと、税務署の判断はかなり曖昧で、自由裁量に委ねられているので、交渉の余地があるからだ。昔は会計士も交渉の余地がたくさんあったのだが、それをやりすぎて数々の問題を起こしてきたから、最近は交渉の余地を残さない方向になってきた。なるべく恣意《しい》的な判断が入り込まないように、機械的に割り振るようになり、粉飾事件が起きれば起きるほど、人間ではなく機械に任せたほうがよくなってしまう。

税理士は税務調査が入ると、必ず交渉が発生して、それによっておみやげがあったりするから、人間でなければいけないのだ。人間と人間の交渉の余地、人間の裁量の範囲が広い部分は、人間の仕事として残っていく。同じ意味で、弁護士の仕事も意外となくならない。交渉事がとても多い仕事なのと、法律は、じつはかなりファジーに出来ているからだ。

子会社へ自ら出向してマネジメント能力を鍛えよ

今はコンプライアンスがうるさくなってきているが、業務が形式化して、ルーティン化するところから人はいらなくなっていく。そうなると、日本の中間管理職の業務の7、8割はなくなると考えられる。特に内部管理的な仕事はなくなってしまうのではないか。外との交渉事が中心的な仕事になるはずだ。

マネジメントというのは、機械的な処理、あるいはルール通りに処理できない話が出てきたときに、うまく折り合いをつけて、ある意味あいまいな判断を下していく仕事だ。現実はすべてルール通りに予測できるわけではないので、そういう仕事は残る。しかし、それはかなり高いレベルのマネジメントの範囲であって、いわゆる中間管理職の仕事ではない。

そういう能力をいち早く身に付けるためには、ややこしい状況で仕事をすることが大事で、子会社やベンチャーを実際に経営してみて、常に自分で判断するというクセをつける必要がある。誰かに判断してもらうためのつなぎの業務（中間管理職）は必要なくなってしまう。偉い人から見ると、ＡＩやＩＴが発達してくると、一人で見られる領域が増えてくるので、間に誰かが介在するより、自分で判断したほうが早くなる。

一万人の会社だろうが１００人の会社だろうが、トップは一人きりなので、1万人に一人よりも、１００人に一人のほうが間違いなくトップになれるチャンスが大きくなる。大きな組織のほうが、確率論的にチャンスがどんどん減っていってしまう。組織がフラットになっていけば、トップ一人とその他大勢になるので、早いうちからトップの経験をできるだけたくさん積んでおくことが重要になる。

今、大企業に勤めている人も、自ら手を挙げて関連会社、子会社に出ていったほうが面白い。出世競争に負けて無理やり出向させられるよりは、むしろ積極的に出ていったほうがいいし、転職するチャンスがあれば、30代くらいからチャレンジしたほうがいい。

サラリーマン社会に長くいると、それとは違う方向に進化する圧力が働いてしまう。自分の意思ではなく、上司が何を正解と思っているかを一生懸命探るようになる。自分で能動的に動くよりは、誰かの指示で動くほうが安全なのだ。自分で勝手に動いて地雷を踏んでしまうと、えらい勢いで怒られる。その結果、受け身でものを考えるようになる。あるいは、事前調整をして保険をかけるように人間が進化してしまう。しかも、そういう仕事は、ＡＩにどんどん置き換えられてなくなっていく。

その方向でずっと進化していくと、上のほうに行った後も大変で、正解を探しにいくクセがついているので、まったく役に立たない存在になってしまう。トップとしても困りものので、自分で考えてやってほしいのに、いちいち俺のところに聞きに来るな、俺は忙しいんだ、ということになる。50代までそういう状態で来てしまうと、もう修正は利かない。だから、30代、40代から考えを改めたほうがいい。

中間管理職の8割はいらない

企業規模が１０００人を切ると、マネジメントにかかわっている基礎能力が高い人は非常に少なくなる。需給関係で言えば、圧倒的に足りていないので、大企業の平均的な人がそういう会社に行って、その能力を正しく発揮すれば、みんなピカピカになれる。思い切って中堅中小企業に飛び込んでみたらいいと思う。大企業は人材のデッドストックだらけだからだ。

しかし、大企業ほど人材がデッドストックだらけになってしまうのはある意味当然で、ポストに限りがあるからだ。しかも今後、ピラミッド型組織を改めることになれば、マネジメントのレイヤーは減るし、人数も減る。中間管理職は今の5分の1くらいまで減らしても問題ないのではないか。実感として、課長・部長以上が急に8割いなくなっても、業務は回ると思う。

マネジメントのレイヤーは3階層もあれば十分だ。一人で見られる人数は6、7名。かなりできる人で10名。トップマネジメントがいて、次にミドルマネジメント、執行役の事業部長が10名。さらに、その下に100名のラインマネジャーがいる。ラインマネジャーレベルで100億円持っていれば、100名で1兆円。1000億円なら10兆円。かなりの規模までカバーできる。私はそれ以上のレイヤーが必要だという感じを持ったことはない。

産業再生機構は3階層だった。私がいて、その下にマネージングディレクターがいて、各社の社長がいた。それで十分だった。マネージングディレクターは十数人いたが、その間にレイヤーをはさみたいと思ったことはない。十数人を4、5人ずつまとめたとすると、結局伝言ゲームになってしまって、リアリティが失われてしまうからだ。

一つの事業単位があって、その事業単位を仕切っている人がいて、その人たちとトップがコミュニケーションできれば問題ない。一つの事業は機能単位に分かれていて、そこにラインマネジャーが張り付いていれば事業は回る。ＩＴ化が進めば、経営トップがコックピットで見られるネタが増えていくので、それ以上の階層は必要ないのだ。

コマツは稼働状況までコックピットで一覧できるようになっているので、それを見ながらトップが判断できる。中国が減速傾向だから、在庫を適正規模に縮小しろ、と直接指示を出せるので、ますます階層はいらない。昔は、景気動向について一カ月遅れのレポートが上がってきて、それで経営判断を下していたのと比べると、明らかに〝中抜き〟できる状況だ。

ピラミッド型組織をフラットにうまく改められないと、結局ＩＴフェーズで負けてきたことを繰り返すことになる。人間の作業を置き換えて、レイヤーを減らすためにＩＴを導入したはずなのに、かえって余計なレイヤーを挟み込んで、データのとりまとめや調整作業に人手をかけてしまうのだ。

レポート作成はＡＩの仕事

現在、オフィスワークのかなり大きな部分を占めている、業務報告レポートなどのパワポ資料の多くは、ＡＩが作るようになる。社内レポートはむしろ情緒が入らないほうがいいからだ。読む側としても、最前線で起きているファクトをありのままに伝えてもらったほうがいいし、ごまかしが入らない分、そのほうが信用できる。

テキストベースでＡＩに最初に置き換わるのは報道だ。５Ｗ１Ｈで書き方のルールが決まっているからだ。企業のアニュアルレポートなどもＡＩですぐに作れるようになる。入ってくる情報が決まっていて、ほぼテンプレートだからである。ＡＰ通信は既に「ワードスミス」というＡＩ記者に企業業績に関する記事を書かせている。日経新聞でも、上場企業が開示する決算データをＡＩが自動で記事にまとめて配信する完全自動「決算サマリー」サービスを２０１７年から開始した。

そもそも、人間がレポートを作るときも、前回の資料の数値だけを入れ替えて作り直したりしているわけだから、ＡＩに任せたほうが簡単だ。業績が悪かったりすると、そこに部長が介入したりして、言い訳じみた文章になるので、それを排除したいという面もある。

だから、そういう仕事が急激に減るのは間違いない。逆に、減らしていかないと、無駄な時間を使ってわざわざ意思決定にスモークをかけていることになるので、競争力がなくなってしまう。間に人がいなくなったほうが作為をする余裕がなくなるので、二重の意味でいいのである。

半沢直樹では会社は傾く

中間管理職が5分の1に減り、残りの5分の4の人は、売上規模で数億円から数十億円、数百億円、資本金だと数十億円以下の中堅中小企業に移っていく。99%は中堅中小企業で、そちらのほうが会社の数が圧倒的に多いのだから、そのほうがむしろ自然なのだ。

世界的に見ても、同じような傾向がある。日本人が知っているのはグローバル企業だけだが、まともな先進国なら、どの国も中小企業王国になっている。むしろ、日本よりも新陳代謝が激しく、日本の倍くらい創業率・廃業率が高い国も珍しくない。

例えば、ホテルや飲食業はみんな中小企業で、チェーン化されているのはごく一部。家族経営の旅館やレストランが一般的だ。ローカル産業はどの国でもそういう産業形態になっているから、そういう会社で頑張ったほうが、自分がいないとこの会社は回っていかないという実感を持ちやすいはずだ。自分が必要とされていることで生きている実感が得られるなら、小さい会社に行ったほうが、ずっと幸せだと思う。

例えば、池井戸潤原作のドラマの主人公、半沢直樹は権力闘争をしているだけで、結局、仕事をしていない。國重惇史さんの『住友銀行秘史』（講談社）や、永野健二さんの『バブル』（新潮社）を読んでも、出てくるのは（本質的な改革を先送りするための）ダーティーワークと権力闘争で、これだけ優秀な人たちが収益とは関係ないことばかりやっていれば、日本経済が衰退するのも、ある意味当然かもしれない。

結局、そうなってしまうのは、限られたポストをめぐって、目の前にあるそのポストを手に入れることが最大の関心事になってしまうことに根本的な原因がある。昇進するための手段として仕事をしているということになると、本末転倒になってしまって、真面目に業績を上げたほうがいいのか、社内の競争相手のスキャンダルをつかんでブラック週刊誌に流したほうがいいのか、天秤《てんびん》にかけることになる。えてして後者のほうが簡単なので、そちらにエネルギーを使うことになるのだ。

部下に「あいつをつけろ。どこどこのママとできているらしいから、裏を取ってこい」と命じたり、ライバルの腹心の部下を手懐《てなず》けて、「証拠写真を撮ってこい」と言ったりして、週刊誌にネタを提供するのである。内部告発がなければ、会社の役員がどこの愛人とラブホテルに入ったとか、絶対に表に出るわけがない。間違いなく中で刺されているのだ。

会社の将来を担う人材がそんなことにエネルギーを傾けていたら、会社が傾くのは当たり前で、ＪＡＬだって山崎豊子の『沈まぬ太陽』（新潮社）みたいなことをやっているから、潰れてしまうのだ。そんな暇があるのなら、別のところに行って活躍したほうがいいと思う。そういうマネジメントに対する需要はすごくあるし、みんなそこで悩んでいるのだから、せっかくの頭脳をもっと建設的なことに活かしたほうが、お互いのためになるはずだ。

人間にとって快適なことが仕事になる

よくＡＩによって人間の仕事がなくなると言われるが、産業の発展史や道具の発展史を見てみると、人間が苦手なものは、ＡＩ以前にもどんどん置き換えられてきたことがわかる。

たとえば、人間には力がないから蒸気機関が発明され、人間は走るのが遅いから鉄道や自動車ができた。では、それによって仕事が減ったかというと、逆に仕事は増えたのだ。古い仕事はたしかになくなるが、それ以上に新しい仕事が生まれてきた。

だから今、走って手紙を運ぶ飛脚の人はいないし、馬車も街中を走っていないが、その代わりに郵便局ができて、宅配便で荷物も送れるようになり、自動車産業も発達した。それだけではなく、人間は仕事で走ることをやめた一方、スポーツジムやランニングウェアにお金を払って走るようになった。そのうち、わざわざお金を払って一生懸命計算をする計算クラブができたり、検索すれば済むのに、あえて記憶だけに頼ったクイズクラブのようなものができたりするかもしれない。

もし完全自動運転が実現すると、確実に生まれそうなのは、乗馬クラブならぬ乗車クラブだ。サーキットに自分の車を置いておいて、わざわざ運転するためにそこに行く。自動運転が本格的に普及すると、人間は公道では運転禁止になるかもしれない。そうなれば、車を運転することは高価な趣味になるだろう。馬が日常的な移動手段だった時代にはなかった乗馬クラブが、自動車の時代になって登場したのと同じことが、今回も繰り返されるという予測である。

産業革命期の英国では、機械が仕事を奪うと大騒ぎして機械を壊すラッダイト運動も起きたが、実際には仕事はなくならなかった。別の新しい仕事ができて、雇用はそちらに吸収されただけだ。

人間が苦手なことから順番に機械に置き換えられ、ＡＩに置き換えられていく結果、最後に残るのは人間の得意なことばかり。つまり、美しい言い方をすれば、人間にとって苦痛じゃないこと、快適なことだけが仕事になるのだ。

それはまるで、ゲームで遊んでいるようなものである。事実、ディープラーニングでやっているのは半分ゲームみたいなもので、いろいろ組み合わせて精度が上がったとか、上がらなかったとか、ほとんどテレビゲームと同じノリである。快適、快適、結構、結構である。

計算も知識も機械に任せればOK

古代エジプト人は重い石を運んでピラミッドを作ったが、どうみても苦役《くえき》だ。そういう苦役からは人間は解放された。今は鉱山を掘るのも自動採掘で、山に入るのもロボットに置き換わっていく。知的労働の世界でも、同じことの繰り返しで苦役っぽい作業から順番になくなっていく。その代わり、人間にとって快適なものが仕事になっていく。

その過程で、一時的な失業は避けられない。仕事を奪われた人たちがどこにいくかという問題は必ず起きるが、その人たちの生活をどう保障するかというのは、古くて新しい問題だ。ベーシックインカムで一律にお金を分配するというよりも、失業した人の生活保障の問題ととらえたほうがわかりやすい。世の中の大半の人の仕事がなくなるわけではないからだ。

馬車がなくなれば、馬車の馭者《ぎょしゃ》も馬の世話をしていた人も馬車を組み立てていた人も失業したかもしれないが、車のドライバー、自動車修理工、自動車の工場労働者、ガソリンスタンドの店員など、新しい仕事が次々と生まれた。長期的に見れば、失われた雇用は十分吸収されたのだ。

今回のＡＩでも、同じことが起きるはずだ。そのときに大事なのは、人間にとって快適なものが仕事になるので、そういう能力を伸ばしてあげられるような教育であり、職業訓練である。

そこがズレたままで、今のホワイトカラーを大量に生み出すような教育を続けていると、小中高大の16年間、計算と暗記の反復練習を続けてきたにもかかわらず、社会人になったとたん、そんなことは機械がやるからあなたには必要ないと言われてしまう可能性がある。それはかなり気の毒な展開で、裏切られた感が生まれやすいので、教育の見直しが急務である。

もともとマイルドヤンキーっぽい人がやっているローカルな仕事は、あまりＡＩとバッティングしない。工務店の仕事しかり、営業系のフェースツーフェースしかり、飲食のホスピタリティしかり。人と接する場面では、不定型性があり、必ず駆け引きがあるから、意外とＡＩには置き換わらない。置き換わるのは、むしろ内勤系のインテリの仕事である。計算能力も知識も今や機械に任せればいい話なので、人間が学ぶべきなのは、むしろ遊び方である。どれだけ変なことをして遊べるか。そこにこそ、人間の生きる道があるのではないだろうか。

ローカルファーストな生き方、働き方が輝きを持つ時代の到来

前にも述べたように、デジタル革命第三期において、もっとも大きなメリットを受け、その一方でデメリットが少ない経済圏はL型産業の領域である。業種的には、ある意味、地域密着のマイルドヤンキー経済圏という言い方もできる。

働き方に関するＡＩとの相性という意味においても、Lの世界のほうが、Gの世界よりもメリットが大きいのである。これからのデジタル革命が吹かせる「Lの風」は、地域に根を下ろした「ローカルファースト」な生き方、働き方にとってさらに強い追い風となっていく。

デジタル革命というと何となくグローバル化とシンクロする概念であるように思われがちだし、確かに第二期まではそういう性格を持っていたかも知れない。しかし、これからリアルな世界で展開されるデジタル革命は、色々な意味でローカルの世界をもっと輝かせる時代をもたらしつつあるのだ。

その意味で、私たちはもっとLの世界を大事にし、そしてLの世界で働くこと、Lの世界の企業を経営することを大事にすべきだし、それは私たちの未来にとって非常に大きな意味を持つのである。

大都市から地方へ、大企業から中堅中小企業へ

デジタル革命の果実を取り込んでローカル企業を活性化し、生産性向上を実現し、そこで働く人々の生活と人生を豊かにしていくためには、やはりローカル経済圏の経営人材の充実が鍵になる。長期的には経営人材育成を地道に行うことが王道だが、短中期的には、大都会に集まり過ぎている高度人材をローカル経済圏に還流していくことが有効と考えている。

大都市の経営人材を地方に還流する仕組みの一つとして地域経済活性化支援機構の100%子会社の「日本人材機構」を始めた。私も社外取締役として関わっているが、思った以上に順調に立ち上がっていて、30代中心の若い人たちが集まってきた。みんなきちんとした学歴の持ち主で、勤め先もしっかりしている。今の会社に未来があるのか疑問に感じたり、自分の仕事にむなしさを覚えたりした人たちが、やりがいや自分の居場所を求めて応募してくるのだ。それぞれの地域でリアルな問題を抱えている産業群にいけば、自分が役に立っている実感を持つことができるだろう。逆に、メガバンクのような巨大組織で働いていて、自分が世の中の役に立っている感を持つのは困難だ。

大都市から地方へ、大企業から中堅中小企業へ。そういうムーブメントが起き始めている。昔と比べれば、知名度のある大企業を辞めてローカル企業に移ることに対して、家族

の理解も得られやすくなってきた。共働きの人が増えているので、妻の反対で転職ができない〝嫁ブロック〟も、だいぶ少なくなってきたのではないか。

地方のローカル企業に転職するといっても、必ずしも完全移住する必要はなく、向こうにも家を借りて二重生活をしたり、週末だけ夫婦揃って平日は別々に暮らしたり、色々なパターンがあるから、子育てさえ終わっていれば、いくらでもやりようはあるはずだ。

親世代にありがちな反対も、時間が解決してくれるのではないか。これだけインターネットが普及して、そこで情報をとる人が増えてくると、常識もだいぶ変わってくる。

そして、いったん中堅中小企業に移って、そこで実績を積んだ人が、もう一度、大企業に戻ってきて活躍する場面も増えるはずだ。ずっと大企業で中間管理職をやってきた人よりも、外に出て経営者を経験してきた人のほうが、経営者としての能力は高い。グローバル企業のキャリアパスとしても、30代から早期選抜しないと間に合わないのだ。

おわりに　千載一遇のチャンスをつかめ！

今から5億年以上の昔、古生代カンブリア紀に生物の種類が爆発的に増え、現存する多くの生物の原型がこの時期に出そろったと言われている。この現象は「カンブリア爆発」と呼ばれているそうだが、その有力な原因仮説は、この時期に生物は「目」を獲得し、それが捕食方法の進歩と戦略性を高め、また同時に捕食者からの回避能力を高めたことが生物の高度化と多様化を一気に進めたと考えている。

東大の松尾豊准教授は、ディープラーニング技術が急速に進歩したことは、言わばＡＩが、さらにはそれを実装した機械が「目」を持ったのと同等の大きな意味を持ち、したがって「カンブリア爆発」並みの大きなインパクトを色々な分野に及ぼし得ると指摘している。

実際、「目」を手に入れてから（≒ディープラーニング技術を導入してから）のグーグル翻訳の進化は凄まじく、言語体系の違いから非常に難しいとされていた英語から日本語への翻訳の質が飛躍的に高まっている。「目」が翻訳「脳」の急速な発達を促しているのである。

我が国でも2017年2月に東大の石川渡辺研究室（前にふれた東大の初代産学連携本部長だった石川正俊教授の率いる研究室）とソニーグループが、驚異的な超高速ビジョンチップの開発に成功したことを発表し、世界的に大きな注目を集めた。「目」はＡＩ革命のプラットフォーム技術としてまさに大進化の途上なのだ。

また、本文でもふれたが、自動運転やロボティクスの世界では、画像認識・処理技術の発達はＡＩアルゴリズムのソフトサイド、センサーやカメラなどのハードサイドの両面で急激で、そこで認識されたデータがさらにＡＩアルゴリズムを進化させ、ハードを進化させる循環が始まっている

今、幅広い産業で「カンブリア爆発」的なパラダイムシフトが起きる可能性が高まっていることは間違いないのだ。

「デジタル革命第三期」「バーチャル・サイバーからリアル・フィジカルへ」「Lの風とSの風」「オープンとクローズドのハイブリッド経営システム」「プロフェショナルモデルvsサラリーマンモデル」などなど、本書ではいくつかのキーワードを提示してきた。いずれ

も、ＩｏＴ、ビッグデータ、ＡＩ革命、シンギュラリティ、第四次産業革命といったバズワードで表現されている現在進行中の「カンブリア大爆発」的な大きなパラダイムシフトを、経営的に理解するため、そしてそれらを「経営する」ための鍵となる概念である。

読者のみなさんそれぞれに、自分の会社、自分の立場に照らしながら、今起きている変化が、ビジネス上、どんな意味、影響を持つのか、いかなる対応をしていくべきなのかを考える手掛かりにしてもらえたら幸いである。

本書の中で何度も強調してきたが、デジタル革命最終章の到来は、日本企業の多く、Ｇ型企業にもＬ型企業にも、大企業にも中小企業にも、そしてそこで働く人々にも、千載一遇のチャンスをもたらしつつある。しかしその一方で、今のままの経営のあり方、会社のあり方でそのチャンスをものにできる確率は非常に低いと言わざるを得ない。「Ｌの風」「Ｓの風」が吹いてきたと言っても、この20年間吹き荒れたデジタル革命の風はこれからも吹き続けるし、グローバル化の風も弱まったとしても止むとは思えない。世界的に見て「同質性」と「連続性」にあまりに偏ってしまった日本企業の組織特性、経済特性が、デジタル革命の破壊性、グローバル経営が抱え込む多様性と相性が悪いのは自明である。この問題に抜本的なメスを入れない限り、新しい風をつかむことは不可能である。

イノベーションの時代は経営の時代であり、経営人材の時代である。デジタル革命第二期までの「カジュアルデジタル」モードから「シリアスデジタル」モードへの進展、ソフト中心の「デジタル技術的」解決モードからハードを巻き込んだ「デジタルとアナログ統合技術力」による解決への勝負どころの変化。これをチャンスとしてつかむには、日本企業の多くが持っている「シリアス」で「アナログ」な組織特性を活かしつつも、デジタル革命の特性である、オープン性、多様性、非連続性、柔軟性、迅速性、果断性を日本企業とその構成員の遺伝子のレベルで浸透させなければならない。この成否が、デジタル革命第三期において、「創造的破壊」をする側とされる側の分かれ道となる。これこそが経営者のミッションなのだ。

すなわちこの千載一遇のチャンスをつかむには、リーダー人材、エリート人材自身の働き方、生き方を、大きく変革しなくてはならない。破壊的イノベーションはここでも求められているのだ。

目の前の現象の本質をとらえ、多少の痛みを伴ってもやるべき自己改革を断行し、今回こそ何としてもこのチャンスをものにしようではないか！

最後に本書を執筆するにあたって、同僚である経営共創基盤パートナーの川上登福氏、塩野誠氏から有用なアドバイスをもらったこと、そして第3章内のレポート執筆及び本書の技術監修を担ってくれた川上和也氏に感謝の意を表したい。また、本書を担当してくださった文藝春秋の衣川理花氏、構成を担当してくださった田中幸宏氏にもお世話になりました。この場を借りて感謝申し上げます。

冨山和彦（とやま　かずひこ）

経営共創基盤（IGPI）代表取締役CEO。1960年生まれ。東京大学法学部卒、スタンフォード大学経営学修士（MBA）。ボストンコンサルティンググループ、コーポレイト ディレクション代表取締役を経て、産業再生機構COOに就任。カネボウ再建を成功させる。解散後の2007年、IGPIを設立。企業再生の第一人者として、JALはじめ多数の企業を建て直す。2014年には『なぜローカル経済から日本は甦るのか　GとLの経済成長戦略』（PHP新書）を発表、地方創生ブームをブレインとして牽引する。

現在、経産省が取り組む官民共働型のIoT化推進組織であるIoT推進ラボ座長、建設現場の生産性革命を狙った国交省主導のi-Construction推進コンソーシアム委員を務める。人工知能のトップ研究者・松尾豊東大准教授とは2012年よりビジネスパートナー。

オムロン社外取締役、パナソニック社外取締役、ぴあ社外取締役。経済同友会副代表幹事。内閣官房まち・ひと・しごと創生会議有識者メンバー、内閣府総合科学技術・イノベーション会議基本計画専門調査会委員、経済産業省産業構造審議会新産業構造部会委員ほか。

装丁　石間 淳
撮影　榎本麻美（帯写真）

協力　佐々木紀彦（NewsPicks編集長）
構成　田中幸宏

ＡＩ経営《エーアイけいえい》で会社《かいしゃ》は甦《よみがえ》る

2017年３月30日　第１刷発行
2017年５月15日　第３刷発行

著　者　　冨山和彦《とやまかずひこ》
発行者　　井上敬子
発行所　　株式会社　文藝春秋
〒102-8008　東京都千代田区紀尾井町3-23
電話　03-3265-1211
印刷所　　大日本印刷
製本所　　大日本印刷

Printed in Japan ISBN 978-4-16-390624-9